ISLAS CANARIAS

PATRICK
ROSENTHAL

DAS KANAREN-KOCHBUCH

PATRICK
ROSENTHAL

ISLAS CANARIAS

DAS KANAREN-KOCHBUCH

Eine kulinarische Reise in 60 Rezepten

riva

INHALT

7 Vorwort

9 VORSPEISEN, SALATE UND BEILAGEN

10 Albóndigas de Papas – Kartoffelklößchen
12 Croquetas de Cherne – Fischkroketten
14 Ensalada de Papas Arrugadas
16 Ensalada Canaria de Atún
18 Churros de Pescado
20 Ensalada de Bacalao
22 Pimientos de Padrón
24 Escaldón
26 Ensalada de Piña Herreña – Ananassalat
28 Truchas de Queso – Käsetäschchen
30 Ensalada de Aguacate
32 Gambas al Jerez con Ajo – Gambas in Knoblauchöl
34 Papas Arrugadas

37 DIPS UND MARINADEN

38 Mojo Verde
38 Mojo Rojo
40 Aioli

42 Aioli mit Petersilie
42 Avocado-Aioli
43 Mojo de Queso
45 Almogrote

47 EINTÖPFE UND SUPPEN

48 Caldo de Pescado – Fisch-Gemüsesuppe
50 Sopa de Pescado – Fischsuppe
52 Sopa Tinerfeña – Fischsuppe aus Teneriffa
54 Sopa de Ajo con Huevo – Knoblauchsuppe mit Ei
56 Sopa de Tomate – Tomatensuppe
58 Sopa de Zanahorias – Möhrensuppe
62 Rancho Canario – Fleischtopf mit Nudeln
64 Potaje de Berros – Eintopf aus Brunnenkresse

67 FLEISCH UND FISCH

68 Arroz con Pollo – Huhn mit Safranreis
70 Cazuela de Gallina – Huhn mit Kichererbsen und Gemüse
72 Ropa Vieja Canaria – Kanarischer Fleischtopf mit Hülsenfrüchten und Gemüse
74 Puchero Canario – Kanarischer Eintopf
76 Tomates al Estilo de Las Palmas – Gefüllte Tomaten à la Las Palmas
78 Solomillo al Plátano Canario – Rinderfilet mit Bananen nach kanarischer Art
80 Tortilla de Gambas – Garnelen-Tortilla
82 Carbanzas Compuestas – Kichererbsen-Allerlei
84 Conejo en Salmorejo
86 Ropa Vieja al Estilo Canario
88 Carajacas

91 DESSERTS

92 Mousse de Gofio
94 Frangollo Canario – Kanarischer Pudding
96 Tortitas de Calabaza – Kanarische Kürbisküchlein
98 Polvito Uruguayo Canario
100 Bienmesabe Canario
102 Leche Asada – Milchpudding aus dem Backofen

105 GEBÄCK UND KUCHEN

106 Buñuelos de Batata – Süsskartoffel-Beignets
108 Bollos de Leche – Milchteigkugeln
110 Pan Canario de los Altos de Tejeda
112 Pestiños – Ölgebäck mit Anis
114 Pan Canario
116 Cazuela de batatas y manzanas dulces – Apfel-Süßkartoffelauflauf
118 Tortitas de Plátano – Bananenküchlein
120 Príncipe Alberto
123 Aniskekse
124 Quesadillas Canarias
126 Truchas de Batata
128 Bolitas de Plátano y Gofio – Bananenkügelchen
130 Magdalenas de Gofio – Gofio-Muffins

133 GETRÄNKE

134 Mojito Canario
136 Ron Miel con Limón
138 Barraquito o Café Canario
139 Cocoloco
140 Papaya-Likör
143 Tropical Martini

VORWORT

Die Kanarischen Inseln sind ein wahres Paradies für alle, die Freude an gutem Essen haben, und dieses Kochbuch ist eine Reise durch ihre gastronomische Landschaft, die reich an vielfältigen und einzigartigen Geschmackserlebnissen ist. Tief in den Atlantischen Ozean eingetaucht, präsentieren die Inseln eine Sinfonie aus Kulturen, die im Laufe der Jahrhunderte aus der Fusion von europäischen, afrikanischen und amerikanischen Einflüssen entstanden ist. Diese Fusion hat sich in einer köstlichen und exotischen kulinarischen Tradition manifestiert, die das Herzstück dieses Kochbuchs bildet.

Die Küche der Kanarischen Inseln ist wie ihre Landschaft – wild, unberührt und wunderschön in ihrer Einfachheit. Sie ist das Ergebnis der Einflüsse verschiedener Kulturen und der unglaublichen Vielfalt der lokalen Produkte. Ob es sich um frischen Fisch aus dem Atlantik, Früchte und Gemüse aus den fruchtbaren Tälern oder Wein und Käse aus den Hochlandregionen handelt – jedes Gericht spiegelt die Essenz der Inseln wider.

Dieses Kochbuch nimmt Sie mit auf eine kulinarische Entdeckungsreise durch die Kanarischen Inseln und enthüllt die Geheimnisse der traditionellen kanarischen Küche. Die Rezepte sind mehr als nur Listen von Zutaten und Anweisungen. Sie sind Geschichten, die von Generation zu Generation weitergegeben werden, ein Teil des reichen kulturellen Erbes der Inseln.

Die Rezepte in diesem Buch repräsentieren die sieben Inseln – von den populären Gofio und Papas Arrugadas aus Teneriffa über die herzhaften Eintöpfe und Suppen aus Gran Canaria, die köstlichen Fischgerichte aus La Palma und die himmlischen Käsesorten aus Fuerteventura bis hin zu den einzigartigen Weinen aus Lanzarote. Aber es ist nicht nur die Vielfalt der Gerichte, die dieses Kochbuch auszeichnet. Jedes Rezept wurde sorgfältig ausgewählt, um die Vielfalt der Aromen und Texturen hervorzuheben, die die kanarische Küche ausmachen.

Ich lade Sie mit diesem Buch ein, die Aromen, Farben und Texturen der kanarischen Küche zu entdecken, zu experimentieren und zu genießen. Egal, ob Sie viel Kocherfahrung haben oder eher neu in der Küche sind, dieses Buch bietet Ihnen die Möglichkeit, die Freude und Zufriedenheit zu entdecken, die das Kochen und Genießen von authentischen kanarischen Gerichten mit sich bringt. Lassen Sie sich von diesem Kochbuch inspirieren und beginnen Sie Ihre kulinarische Reise durch die wundervolle Welt der kanarischen Küche.

VORSPEISEN, SALATE UND BEILAGEN

ALBÓNDIGAS DE PAPAS
KARTOFFELKLÖSSCHEN

Die Albóndigas de Papas - diese Kartoffelklößchen - sind ein echtes kulinarisches Kleinod aus der herzhaften Küche der Kanarischen Inseln. Jeder Bissen dieser goldenen Leckerei bringt Sie direkt zu den wärmenden Sonnenstrahlen, zum Rauschen des Atlantischen Ozeans und zur herzlichen Gastfreundschaft der Inseln.

ZUTATEN

Für 6 Personen

500g Kartoffeln, festkochend
Salz
2 Knoblauchzehen
2 Eier
1 Bund Petersilie
150g Mehl
Frittieröl
1 Zitrone zum Garnieren

1. Die Kartoffeln waschen und mit kochendem, leicht gesalzenem Wasser bedeckt gar kochen. Abseihen, noch warm pellen und durch eine Kartoffelpresse in eine Schüssel pressen.
2. Knoblauch schälen, fein hacken. Eier verquirlen. Petersilie waschen, fein hacken.
3. Knoblauch, ⅔ der Petersilie und verquirlte Eier zum Kartoffelbrei geben und vermengen. Mehl untermengen. Mit Salz abschmecken und etwa 20 Minuten ruhen lassen.
4. Das Frittieröl erhitzen und mithilfe von 2 Esslöffeln kleine Klößchen in siedendem Öl schwimmend ausbacken, bis sie goldgelb sind. Einzeln herausnehmen und auf Küchenpapier abtropfen lassen.
5. Zitrone waschen und in Schnitze schneiden, mit der restlichen Petersilie garnieren.

TIPP:

Ich habe den Teig mit einem Eisportionierer in das heiße Fett gleiten lassen. Auch lecker: 100g geriebenen Käse unter den Teig mengen. Anstelle des Mehls kann man auch Paniermehl benutzen.

CROQUETAS DE CHERNE
FISCHKROKETTEN

Stellen Sie sich vor, Sie sitzen in einer kleinen sonnenverwöhnten Taverne auf den Kanarischen Inseln, während Sie in eine dampfende Croqueta de Cherne beißen, die gerade aus dem heißen Öl gehoben wurde. Mit ihrem knusprigen Äußeren und einem weichen, reichhaltigen Inneren ist diese Spezialität eine wahre Ode an das Meer und seine Köstlichkeiten.

ZUTATEN

Für 6 Personen

400g Filet vom Zackenbarsch oder Seehecht
Salz
1 Zwiebel
2EL Olivenöl
1 Bund Petersilie
1½ Zitronen
1 Prise Muskatnuss
200ml Milch
30g Butter
30g Mehl
2 Eier
40g Semmelbrösel
Frittieröl

1. Fischfilets in reichlich kochendem, leicht gesalzenem Wasser sieden. Nach 8 Minuten herausnehmen, abtropfen lassen und im Mixer pürieren.
2. Zwiebel schälen und fein würfeln. In einer Pfanne das Öl erhitzen und die Zwiebelwürfel darin langsam anschwitzen, dann zur Seite stellen.
3. Petersilie waschen und fein hacken. Zitronen waschen, aus der halben Zitrone den Saft pressen, die ganze Zitrone in Spalten schneiden.
4. Fischpüree, Zitronensaft, die Hälfte der Petersilie, eine Prise Salz, Muskatnuss und Zwiebeln zugeben und verrühren.
5. Milch lauwarm erhitzen. Butter in einem Topf schmelzen, bei mittlerer Hitze das Mehl unter ständigem Rühren nach und nach zufügen (es dürfen sich keine Klümpchen bilden). Die lauwarme Milch langsam unterrühren. Mit Salz abschmecken und unter ständigem Rühren weiterkochen lassen, bis eine cremige Béchamelsoße entstanden ist.
6. Vom Herd nehmen, etwas abkühlen lassen, dann mit der Fischmasse vermengen und völlig auskühlen lassen. Die Masse esslöffelweise zu länglichen Kroketten formen.
7. Eier verquirlen. Kroketten zuerst in den verquirlten Eiern, dann in den Semmelbröseln wenden.
8. Öl erhitzen und die Kroketten schwimmend ausbacken. Wenn die Kroketten goldgelb sind, aus dem Fett nehmen und auf Küchenpapier abtropfen lassen.
9. Mit Zitronenspalten und restlicher Petersilie servieren.

ENSALADA DE PAPAS ARRUGADAS

Diese Salatvariante basiert auf den berühmten Papas Arrugadas, den faltigen Kartoffeln der Kanarischen Inseln. Der Salat hat einen einzigartigen Geschmack.

ZUTATEN

Für 4–6 Personen

1 rote Zwiebel
2 Knoblauchzehen
2grüne Paprikaschoten
2 rote Paprikaschoten
1 Bund frischer Koriander
4EL Olivenöl
2EL Rotweinessig
Salz
Pfeffer

1. Für die Marinade Zwiebel und Knoblauch abziehen und fein hacken. Paprikaschoten entkernen und in kleine Würfel schneiden. Koriander hacken.
2. In einer Schüssel die gehackte Zwiebel, Knoblauch, Paprikawürfel und Koriander vermengen. Olivenöl und Rotweinessig hinzugeben und mit Salz und Pfeffer würzen.
3. Abgekühlte Papas Arrugadas halbieren und in eine große Schüssel geben. Marinade darüber gießen und vorsichtig vermengen.
4. Die Schüssel mit Frischhaltefolie abdecken und den Salat für mindestens 1 Stunde im Kühlschrank ziehen lassen, damit sich die Aromen gut verbinden.

ENSALADA CANARIA DE ATÚN

Diese leichte und nahrhafte Salatkreation erzählt eine Geschichte über die sonnenverwöhnten Gärten der Kanarischen Inseln und den unendlichen Ozean, der sie umgibt. Jeder Bestandteil dieses Rezepts spricht die Sprache der Natur und der Einfachheit, die die kanarische Küche so besonders macht.

ZUTATEN

Für 4 Personen

6 Eier
1 Kopfsalat
1 Dose Thunfisch in Öl (ca. 200g)
½ Salatgurke
1 Zwiebel
6 kleine Tomaten
60ml Olivenöl
3EL Rotweinessig
Salz
Pfeffer
50g schwarze Oliven, entkernt
½ Bund Petersilie

1. Eier je nach Vorliebe wachsweich oder hart kochen, abschrecken, pellen und auskühlen lassen.
2. Kopfsalat waschen und klein schneiden. Thunfisch abtropfen lassen. Salatgurke in feine Scheiben schneiden. Zwiebel häuten und in feine Ringe schneiden. Tomaten achteln. Eier halbieren oder vierteln. Petersilie waschen, trocken schütteln und klein hacken.
3. Olivenöl mit Rotweinessig, Salz und Pfeffer verrühren.
4. Kopfsalat auf Teller verteilen, Gurkenscheiben, Zwiebelringe, Eier und Tomatenspalten darauf verteilen und mit dem Dressing beträufeln.
5. Oliven und Thunfisch darüber verteilen. Petersilie über den Salat streuen.

CHURROS DE PESCADO

Unter den Fischgerichten der Inseln stechen die Churros de Pescado hervor, die auf den Speisekarten vieler der beliebtesten Bars, Restaurants und Guachines zu finden sind. Die Churros de Pescado sind eine köstliche und attraktive Tapa und passen zu jedem guten Salat. Was den Fisch betrifft, mit dem man dieses köstliche kanarische Gericht zubereiten kann, so eignet sich jeder weiße Fisch wie Hahn, Seezunge, Seebarsch oder Seehecht.

ZUTATEN

Für 4 Personen

500g Seehecht-Filets (oder anderer Weißfisch)
330ml Milch oder 1 Flasche Bier (Pils)
3 Knoblauchzehen
1 Ei
200g Mehl
4EL Olivenöl
1 Prise Safran
1 Zitrone
frische Petersilie
Olivenöl zum Braten

1. Fischfilets mit Milch oder Bier begießen und 30 Minuten ruhen lassen. Dann in Streifen schneiden, dabei darauf achten, dass alle Gräten entfernt sind.
2. Knoblauch ganz fein reiben. Ei verquirlen und mit Mehl, Olivenöl, Safran, Knoblauch und etwas Wasser zu einem dickflüssigen Teig verrühren.
3. Reichlich Olivenöl in eine Pfanne geben und erhitzen.
4. Fischstreifen durch den Teig ziehen und im Öl von beiden Seiten goldbraun anbraten. Herausnehmen und auf einem Küchenpapier abtropfen lassen.
5. Zitrone waschen und in Scheiben schneiden. Petersilie waschen, trocken schütteln und grob hacken.
6. Churros mit den Zitronenscheiben und der Petersilie anrichten.

TIPP:
Dazu passen die Mojo-Soßen. (siehe S. 38 oder 43)

ENSALADA DE BACALAO

Dieser Salat besteht aus gewässertem und gekochtem Stockfisch (getrockneter Kabeljau), der in kleine Stücke zerpflückt wird. Der Salat hat einen intensiven Geschmack und wird oft als Vorspeise oder leichte Mahlzeit serviert.

ZUTATEN

Für 4 Personen

500g gesalzener, getrockneter Kabeljau
1 Zwiebel
1 Tomate
1 Avocado
3 Eier
12grüne Oliven
100ml Olivenöl
1EL Weißweinessig

1. Gesalzenen Kabeljau 15–30 Minuten in kaltem Wasser einweichen. Zwiebel schälen und in dünne Scheiben schneiden, Tomate würfeln und Avocado schälen und würfeln. Eier hart kochen, dann abschrecken, pellen und vierteln.
2. Den Kabeljau abtropfen lassen und in einen Topf geben. Mit Wasser bedecken und auf dem Herd zum Kochen bringen. Dann Wasser abschütten und den Topf nochmals mit Wasser füllen und zum Kochen bringen. Den Vorgang dreimal wiederholen, dann den Fisch abtropfen lassen und mit einer Gabel zerkleinern.
3. 2EL Olivenöl in einer Pfanne erhitzen und die Zwiebeln glasig braten.
4. In einer großen Schüssel Kabeljau mit Zwiebeln, Tomaten, Avocado, Eiern, Oliven und Weißweinessig vermengen und Olivenöl unterheben.

PIMIENTOS DE PADRÓN

Diese gebratenen grünen Paprikaschoten stammen zwar ursprünglich aus der spanischen Region Galicien, sind aber auch auf den Kanarischen Inseln sehr beliebt. Die Paprikaschoten werden in Olivenöl gebraten und mit grobem Meersalz bestreut. Einige der Pimientos de Padrón sind mild, während andere sehr scharf sein können, daher sagt man oft: »Pimientos de Padrón, algunos pican y otros no.« (Pimientos de Padrón, einige sind scharf und andere nicht.)

ZUTATEN

Für 4 Personen

500g grüne Bratpaprika
80ml Olivenöl
Meersalz nach Geschmack

1. Die Paprikaschoten abspülen und gut abtrocknen.
2. Das Olivenöl in einer Pfanne erhitzen, die Paprikaschoten zugeben und unter gelegentlichem Rühren braten, bis die Haut leichte Blasen wirft und weich wird.
3. Die Paprikaschoten herausnehmen und anrichten. Mit reichlich Meersalz bestreuen und genießen.

INFO
MEERSALZ

Meersalz wird traditionell durch Verdunstung von Meerwasser gewonnen, während Tafelsalz aus unterirdischen Salzvorkommen oder Salzminen stammt. Das Wasser wird in Salzgärten oder Salinen geleitet, wo es verdunstet und das Salz zurückbleibt. Meersalz enthält normalerweise eine größere Vielfalt an Mineralien im Vergleich zu Tafelsalz. Diese Mineralien können ihm eine leicht unterschiedliche Farbe und Textur verleihen. Zu den häufigsten Mineralien im Meersalz gehören Magnesium, Kalzium, Kalium und Spurenelemente wie Jod, Zink und Eisen. Meersalz wird in der Regel weniger stark verarbeitet als Tafelsalz. Oft wird es in seiner natürlichen Form belassen oder leicht gereinigt, um Verunreinigungen zu entfernen. Im Gegensatz dazu wird Tafelsalz oft raffiniert, um Verunreinigungen zu entfernen und die Kristalle zu verfeinern. Dieser Prozess kann zur Entfernung von Mineralien führen. Aufgrund des höheren Mineralgehalts hat Meersalz oft einen intensiveren und komplexeren Geschmack im Vergleich zu Tafelsalz. Es kann leicht salziger und würziger wirken.

TIPP:
Am besten verwendet man Meersalzflocken und tastet sich ganz langsam an den salzigen Geschmack ran. Ich benutze gerne das ganz grobe Meersalz, das eigentlich in der Mühle gemahlen wird. Ich liebe es, wenn es langsam auf den noch warmen, öligen Paprikas zergeht.

ESCALDÓN

Die Einwohner*innen der Kanaren verfügen über zahlreiche Möglichkeiten, um Reste eines köstlichen Essens zu nutzen. Dabei ist die Hauptzutat, der vielseitige Gofio (Hinweis auf S. 60), in jedem Haushalt vorhanden. Nach einem üppigen Sonntagsbraten, einem Eintopf oder einer leckeren Fisch- oder Gemüsesuppe bleibt oft etwas übrig. Doch Wegwerfen ist keine Option, denn in Kombination mit Gofio entsteht ein völlig neues Gericht, so auch der Escaldón.

Escaldón ist eine traditionelle kanarische Vorspeise oder Beilage. Sie besteht aus einer Mischung aus Gofio und Brühe (oft Fischbrühe), die zu einer dicken Paste gekocht wird. Escaldón kann mit Mojo-Soßen oder anderen Beilagen serviert werden.

Um das Gericht heiß zu servieren, wird es noch eine Weile in den Ofen gestellt. In der Zwischenzeit bereitet man die Extras und die Garnierung vor. Geröstete Zwiebeln oder Knoblauch sind hier gern gesehene Optionen.

ZUTATEN

Für 4 Personen

500g Gofio
1l heiße Fischbrühe
1 Zweig Minze
2 Knoblauchzehen
1 Zwiebel

1. Gofio in eine Schüssel geben und die heiße Brühe nach und nach hinzufügen und verrühren, bis eine weiche und leichte Masse entsteht. Minze fein hacken und unterrühren.
2. Knoblauch häuten, klein schneiden und in einer beschichteten Pfanne ohne Fettzugabe leicht anrösten. Unter die Masse rühren.
3. Die Zwiebel in feine Ringe schneiden.
4. Den Escaldón de Gofio in einer Schüssel servieren und mit den Zwiebelringen garnieren.

TIPP:

Die Fischbrühe kann natürlich gegen Fleisch-oder Gemüsebrühe ausgetauscht werden. In vielen Küchen bereitet man den Escaldón auch mit Resten der Bratensoße vom Vortag zu. Dazu ein Topping aus geriebenem Käse und klein gewürfelten roten Zwiebeln.

ENSALADA DE PIÑA HERREÑA
ANANASSALAT

Ensalada de piña herreña ist ein erfrischender Ananassalat aus der zauberhaften Insel El Hierro, der die süße Exotik der Ananas mit der herzhaften Note von Meeresfrüchten kombiniert - eine wahre Geschmacksexplosion, die die kulinarische Vielfalt der Kanarischen Inseln widerspiegelt.

ZUTATEN

Für 4 Personen

500g geschälte Garnelen (frisch oder TK)
1EL Butter
1 Ananas
2 kleine Zwiebeln
1EL Speiseöl
8 Blätter Kopfsalat
125g Krebsfleisch aus der Dose
3–4EL Mayonnaise
4 Tr. Tabasco
1EL Tomatenmark
1Msp. Muskatnuss
Salz
Pfeffer
50ml Ananassaft
Kresse zum Garnieren (zum Beispiel Brunnenkresse)

1. Tiefgekühlte Garnelen auftauen lassen und kurz in 1EL Butter in der Pfanne schwenken. Ananas schälen und in 3cm dicke Scheiben schneiden, den Strunk wegschneiden. Zwiebeln schälen und klein würfeln.
2. In einer Pfanne das Öl erhitzen, die Zwiebeln darin goldbraun braten und zur Seite stellen. Salatblätter waschen und abtrocknen. Krebsfleisch abtropfen lassen.
3. Für die Soße die Mayonnaise mit Tabasco, Tomatenmark, Muskat, Salz und Pfeffer vermischen. So viel Ananassaft unterrühren, bis die Soße leicht cremig wird.
4. Zum Servieren die Salatblätter auf die Teller oder eine Servierplatte verteilen. Die Ananasscheiben darauf anrichten und in der Mitte die Garnelen und das Krebsfleisch platzieren. Zum Schluss die Soße und die gebratenen Zwiebeln darüber geben. Mit Kresse dekorieren.

TRUCHAS DE QUESO
KÄSETÄSCHCHEN

Die Truchas de Queso, köstliche kleine Käsetaschen, sind eine wahre Verkörperung des Charmes und der Lebensfreude der Kanarischen Inseln.

Bei der ersten Begegnung wirken sie unprätentiös, aber lassen Sie sich nicht täuschen: Die raffinierten Aromen und Texturen dieser kleinen Gaumenfreuden spiegeln den einzigartigen Charakter der kanarischen Küche wider. Sie sind knusprig und doch überraschend zart, herzhaft und doch mit einer feinen Süße versehen.

ZUTATEN

Für 4–6 Personen

½TL Anissamen
400g Mehl
1 Eiweiß
40g Schmalz
Salz
500g Queso Tierno (alternativ geriebener weicher Schnittkäse)
20g Zucker
Frittieröl
Puderzucker (zum Garnieren)

1. Anissamen im Mörser fein zerstoßen.
2. Mehl mit Eiweiß, Schmalz, Anissamen und einer Prise Salz durchkneten. Teig 30 Minuten ruhen lassen.
3. Käse und Zucker mit einer Gabel vermengen.
4. Teig noch mal durchkneten und 0,5cm dünn ausrollen. Mit einem Glas oder einem runden Ausstecher (ca. 8–10cm Durchmesser) Kreise ausstechen.
5. Auf jede Scheibe etwas Käse-Zucker-Mischung geben und Teigkreise halbmondförmig zusammenklappen. Dazu Ränder leicht anfeuchten und zum Verschließen mit einer Gabel andrücken.
6. Öl 2cm hoch in eine Pfanne gießen und erhitzen. Die Truchas in siedendem Öl ausbacken, herausheben und auf Küchenpapier abtropfen lassen.
7. Noch lauwarm mit Puderzucker bestreuen und servieren.

ENSALADA DE AGUACATE

Dieser Avocado-Salat ist einfach und lecker. Er kann als Beilage oder als Garnitur zu Fleischgerichten, Meeresfrüchten und vielem mehr serviert werden.

ZUTATEN

Für 2–4 Personen

1 rote Zwiebel
2 Avocados
2 kleine Chilischoten
2EL Koriander
Saft von 3 Zitronen
4EL Olivenöl
Salz

1. Zwiebel in dünne Scheiben schneiden. Avocados schälen, entkernen und würfeln. Chilischoten entkernen und fein hacken. Koriander ebenfalls fein hacken.
2. Die roten Zwiebelscheiben mit etwas Salz bestreuen, leicht reiben und gut mit kaltem Wasser abspülen. So wird der bittere Geschmack der Zwiebeln entfernt.
3. Avocado, die rote Zwiebel, die gehackten Chilis, den Koriander, den Zitronensaft, das Olivenöl und etwas Salz in eine Schüssel geben und gut vermischen.

TIPP:
Etwas Käse und/oder Kapern und Oliven passen gut dazu.

GAMBAS AL JEREZ CON AJO
GAMBAS IN KNOBLAUCHÖL

Dieses Gericht vereint die erfrischenden Meeresaromen der Garnelen mit dem erdigen Reichtum von Knoblauch und Sherry, um ein kulinarisches Erlebnis zu kreieren, das sowohl erhebend als auch wohltuend ist. Es fängt die Essenz des kanarischen Sommers ein – die Wärme der Sonne, das Rauschen des Meeres und die prickelnde Freude, die mit dem Verzehr köstlicher Meeresfrüchte einhergeht.

ZUTATEN

Für 4 Personen

500g frische geschälte Gambas
4EL Zitronensaft
2EL trockener Sherry
6 Knoblauchzehen
100ml Olivenöl
1 Bund Petersilie
Salz
Pfeffer

1. Gambas unter fließendem kaltem Wasser abspülen, gut abtropfen lassen und in eine Schüssel geben. Zitronensaft und Sherry zugeben, unterrühren und im Kühlschrank 30 Minuten ruhen lassen.
2. Knoblauch schälen und in dünne Scheiben schneiden. Olivenöl in einer Pfanne erhitzen und die Knoblauchscheiben darin bei mittlerer Hitze glasig dünsten.
3. Gambas abtropfen lassen und 5 Minuten mitbraten.
4. Petersilie waschen, fein hacken und zwei Drittel davon kurz mitdünsten.
5. Gambas in vorgewärmte Tonpfännchen oder Teller verteilen, mit Salz und Pfeffer würzen und mit der restlichen Petersilie garnieren.

PAPAS ARRUGADAS

Dies ist eines der bekanntesten kanarischen Gerichte. Es handelt sich um kleine ungeschälte Kartoffeln, die in sehr salzigem Wasser gekocht werden, bis sie faltig werden. Sie werden oft mit Mojo-Soßen serviert, wie zum Beispiel der Mojo Verde (grüne Soße) oder Mojo Rojo (rote Soße).

ZUTATEN

Für 4–6 Personen

1kg kleine Kartoffeln, am besten festkochende Sorten wie Drillinge

170g grobes Meersalz

1. Kartoffeln abbürsten, in einen Topf geben und so viel Wasser hinzufügen, bis die Kartoffeln gerade so bedeckt sind. Meersalz hinzugeben und verrühren. Kartoffeln auf mittlerer Stufe ca. 15–20 Minuten gar kochen lassen.
2. Wasser abgießen und die Kartoffeln auf kleinster Stufe nochmals 10 Minuten auf den Herd stellen, damit sie ausdampfen und etwas runzelig werden. Ab und zu kräftig durchschütteln. Nach Belieben mit Mojo Verde oder Mojo Rojo (siehe Seite 38) servieren.

DIPS UND MARINADEN

MOJO VERDE

ZUTATEN

Für 4 Personen

1 Bund glatte Petersilie
1 Bund Koriander
2grüne Paprikaschoten
1–2 Scheiben altbackenes Weißbrot
100ml Olivenöl
60ml Rotweinessig
10 Knoblauchzehen
1 Stiel frischer Thymian
Kreuzkümmel
Meersalz
Pfeffer

1. Petersilie und Koriander waschen und trocken schütteln. Paprika entkernen und in Stücke schneiden. Weißbrot würfeln.
2. Für die grüne Soße alle Zutaten bis auf das Weißbrot in einen Mixer geben und kurz durchmixen. Sollte die Soße zu flüssig sein, etwas vom Weißbrot zugeben und nochmals mixen.

MOJO ROJO

ZUTATEN

Für 4 Personen

2 rote Paprikaschoten
1 Scheibe altbackenes Weißbrot
1 rote Chilischote
4 Knoblauchzehen
1TL Paprikapulver edelsüß
½TL Kreuzkümmel
100ml Olivenöl
4TL Rotweinessig
Meersalz

1. Backofen auf 220°C Ober-/Unterhitze vorheizen. Weißbrot würfeln. Chili grob hacken.
2. Für die rote Soße die Paprika entkernen, halbieren und mit der Hautseite nach oben auf ein leicht gefettetes Backblech legen. Paprika im vorgeheizten Backofen 20 Minuten rösten, bis die Haut dunkel wird, dann mit den anderen Zutaten in einen Mixer geben und grob durchmixen.

AIOLI

Aioli ist eine köstliche Soße aus Knoblauch und Mayonnaise, die für verschiedene Zwecke verwendet werden kann, beispielsweise als Dip, als Soße zu Fleisch, Fisch oder Kartoffeln oder als Brotaufstrich anstelle von Butter. Auf Gran Canaria ist Aioli eine typische Vorspeise und alle haben ihr eigenes Rezept dafür. Manche sagen, es sei keine echte Aioli, wenn sie Eier oder Essig enthält. Nun, alle haben ihr eigenes Süppchen zu kochen. Aber die Aioli hat keinen Meister – und will ihn auch nicht.

ZUTATEN

Für ca. 250 ml

10 g Knoblauchzehen
1 Prise Salz
1 TL Essig
200 ml Olivenöl

1. Knoblauch schälen und mit dem Salz in einen Mörser zerkleinern, bis die Mischung zu einer Paste wird.
2. Essig hinzufügen und verrühren.
3. Sobald der Knoblauch gut zerdrückt ist, einen Schuss Olivenöl hinzugeben und emulgieren lassen. Kein weiteres Öl hinzugeben, bevor die Mischung emulgiert ist.
4. Immer wieder kleine Mengen Öl hinzufügen, bis alles aufgegossen ist.
5. Die Mischung sollte dick und cremig sein.

AIOLI MIT PETERSILIE

ZUTATEN

Für 400ml

1 Knoblauchzehe
300ml Olivenöl (am besten natives Olivenöl extra)
1 Ei
Salz und Pfeffer
Saft von 1 Zitrone
½ Bund Petersilie

1. Knoblauch schälen und zusammen mit dem Öl, dem aufgeschlagenen Ei, Salz und Pfeffer und Petersilie in ein hohes Gefäß geben.
2. Einen Stabmixer auf den Boden des Gefäßes drücken und die Masse kontinuierlich pürieren, bis sie eindickt. Zitronensaft hinzufügen und erneut kurz pürieren.
3. Wenn die Mischung dickflüssig ist und sich im Glas kaum noch bewegt, ist sie fertig.

AVOCADO-AIOLI

ZUTATEN

Für 500ml

1große reife Avocado
8 Knoblauchzehen
Salz
1EL Zitronensaft
2 frische Eigelb
375ml Olivenöl
Pfeffer

1. Avocado halbieren, Kern herauslösen. Fruchtfleisch aus der Schale heben, mit der Gabel zerdrücken, in einem Rührbecher mit dem Handrührgerät glatt rühren.
2. Knoblauch schälen, pressen und mit Salz und Zitronensaft im Mörser zu einer glatten Paste zerdrücken. Masse zusammen mit dem Eigelb zum Avocadomus geben.
3. Olivenöl tropfenweise unter ständigem Schlagen unterrühren, bis die Soße dick-cremig wird. Mit Salz und Pfeffer abschmecken.

MOJO DE QUESO

ZUTATEN

Für 4 Personen

3 Knoblauchzehen
1 kleine Zwiebel
1 rote Paprika
100g Frischkäse
200g geriebener Hartkäse
1 Prise gemahlener schwarzer Pfeffer
Meersalz
1 Messerspitze Oregano
1 Messerspitze Thymian
Etwas Natives Olivenöl extra

1. Knoblauch und Zwiebel häuten. Paprika würfeln.
2. Knoblauch, Zwiebel und Paprika zusammen mit dem Frisch- und Hartkäse grob pürieren und mit Pfeffer, Salt, Oregano und Thymian abschmecken.
3. Sollte die Masse zu fest sein, einfach etwas Olivenöl untermengen.

INFO:
KÄSE AUS GRAN CANARIA

Die Kanarischen Inseln beherbergen eine beeindruckende Vielfalt an Käsesorten, die sich durch ihre einzigartigen Geschmacksprofile auszeichnen. Vom milden und cremigen Queso Fresco (Frischkäse) bis hin zum kräftigen und würzigen Queso Curado (gereifter Käse) – jede Sorte erzählt ihre eigene Geschichte über die Region, in der sie hergestellt wurde. Eine der bemerkenswertesten Spezialitäten ist der Queso de Flor, auch Blütenkäse genannt. Die verschiedenen Käsesorten spiegeln das reiche kulturelle Erbe der Inseln wider und sind ein wesentlicher Bestandteil der kanarischen Gastronomie.

ALMOGROTE

Almogrote ist ein kanarischer Käsedip, der aus geriebenem Ziegenkäse, Knoblauch, Olivenöl und Paprika hergestellt wird. Die Zutaten werden zu einer cremigen Paste vermischt und oft auf geröstetem Brot serviert. Almogrote ist eines der repräsentativsten Rezepte der Insel La Gomera. Heute wird Almogrote meist als Vorspeise auf Brot oder als Beilage serviert.

ZUTATEN

Für 4 Personen

250g geräucherter Ziegenkäse (lange gereift)
2 Knoblauchzehen
2getrocknete Choricero-Paprika
2EL Paprikapulver edelsüß
5EL mildes Olivenöl

1. Die Paprikaschoten 30 Minuten vor der Zubereitung der Almogrote in einer Schüssel mit heißem Wasser einweichen. Den Käse in eine andere Schüssel reiben.
2. Knoblauch häuten.
3. Wenn die Paprikaschoten gewässert sind, aufschneiden, die Kerne entfernen und zusammen mit dem geschälten Knoblauch und 5EL Öl in den Mixer geben und pürieren.
4. Masse mit dem geriebenen Käse vermengen. Falls sie zu fest ist, ruhig noch etwas Olivenöl zugeben.
5. Wenn die Almogrote fertig ist, mit Brot servieren, um dieses besondere kanarische Rezept zu genießen.

TIPP:

Choricero-Paprika, auf Spanisch als »Pimiento Chori-cero« bezeichnet, sind eine Sorte von roter Paprika, die wiederum eine Variante der amerikanischen Art Capsicum annuum darstellt. Zum Konservieren werden sie getrocknet. Anstelle der getrockneten Paprika schmecken auch frische rote Paprika oder eine große Tomate (entkernt) sehr gut.

EINTÖPFE UND SUPPEN

CALDO DE PESCADO
FISCH-GEMÜSESUPPE

Caldo de Pescado oder Fisch-Gemüsesuppe ist ein traditionelles Gericht, das tief in der spanischen Küche verwurzelt ist. Es strahlt mit seinen einfachen, aber hochwertigen Zutaten eine Authentizität und Einfachheit aus, die einladend und zugleich köstlich ist.

ZUTATEN

Für 6 Personen

1 Knoblauchknolle
10mittelgroße Kartoffeln
2 Tomaten
1 Paprikaschote
1 frische rote Chilischote
1Lorbeerblatt
½ Bund Korianderkraut
½ Bund Thymian
8EL Olivenöl
700g Filets von gemischtem Weißfisch
1 Zwiebel
Salz
1Msp. Safran
4 Stängel Petersilie

1. Backofen auf 220°C Ober-/Unterhitze vorheizen. Knoblauchknolle im Ofen backen, bis die Schale dunkelbraun wird und sich zu kräuseln beginnt, dann herausnehmen.
2. Kartoffeln waschen und schälen. Tomaten, Paprika und Chilischote waschen und die Kerne entfernen.
3. Tomaten und Chilischote klein schneiden. Paprika in Streifen schneiden. Kräuter waschen, trocken tupfen und zu einem Sträußchen zusammenbinden.
4. 3EL Öl in einer Pfanne erhitzen und die Fischfilets darin 2 Minuten von beiden Seiten anbraten, herausnehmen und warm stellen.
5. Zwiebel und Knoblauch schälen und fein hacken. In einer Kasserolle Zwiebeln mit 5EL Öl glasig anschwitzen.
6. Tomatenstückchen, Paprika, Knoblauch, Chilischote und Kräutersträußchen dazugeben.
7. Bei schwacher Hitze etwa 10 Minuten durchziehen lassen.
8. Kartoffeln in Schnitze schneiden und zusammen mit den Fischfilets zugeben.
9. 2Liter Wasser zugießen. Salz und Safran zugeben. Alles 10 Minuten bei schwacher Hitze köcheln lassen. Das Kräutersträußchen herausnehmen und die Suppe abgedeckt 15 Minuten ruhen lassen.
10. Petersilie waschen, trocken schütteln, grob hacken und vor dem Servieren über die Suppe streuen.

SOPA DE PESCADO
FISCHSUPPE

Im Mittelpunkt dieses wunderbaren Gerichts stehen Garnelen, Miesmuscheln und der ausgewählte Fisch – Schellfisch, Kabeljau oder Seehecht. Jede dieser Zutaten bringt ihren eigenen unverwechselbaren Geschmack und ihre Textur ein, um eine Meeresfrüchtesymphonie zu schaffen, die sich mit jedem Löffel entfaltet.

ZUTATEN

Für 4 Personen

150g Garnelen (TK)
2 Stangen Sellerie mit Blattgrün
400g Fleischtomaten
1große Zwiebel
4EL Olivenöl
2 Knoblauchzehen
150ml trockener Weißwein
600ml Wasser
500g Miesmuscheln
250g Schellfisch, Kabeljau oder Seehecht
1 Bund glatte Petersilie
Baguette

1. Garnelen auftauen lassen. Ca. 1 Liter Wasser in einem Topf erhitzen.
2. Blätter vom Sellerie entfernen, waschen und fein hacken. Selleriestangen putzen und würfeln. Tomaten waschen und würfeln. Zwiebel schälen, fein hacken.
3. Öl in einem Topf erhitzen, Zwiebeln dazugeben, Knoblauch schälen und durchpressen, beides glasig dünsten. Sellerie, Sellerieblätter, Tomaten, Wein und Wasser hinzugeben und bei mittlerer Hitze 15 Minuten kochen.
4. Muscheln waschen (geöffnete wegwerfen), übrige abbürsten. Den Fisch in mundgerechte Stücke schneiden, zur Suppe geben und 10 Minuten dünsten (nicht kochen, damit der Fisch nicht zerfällt). Einen Teil der Suppe in eine hohe Pfanne füllen. Muscheln hineingeben und köcheln, bis sie sich öffnen (geschlossene Muscheln wegwerfen). Muscheln und Garnelen zur Suppe in den Topf geben und alles 5 Minuten köcheln.
5. Petersilie waschen, grob hacken. Die Suppe mit Petersilie garnieren und mit Baguette servieren.

SOPA TINERFEÑA
FISCHSUPPE AUS TENERIFFA

Die Würze der Suppe ist das Zusammenspiel von Kreuzkümmel und Safran, zwei Gewürze, die für ihren unverwechselbaren Geschmack und ihr verführerisches Aroma bekannt sind. Sie verleihen der Suppe eine exotische Note und betonen den Geschmack von Fisch und Gemüse.

ZUTATEN

Für 4 Personen

4 Scheiben Sauerteig- oder Weizenmehlbrot
250g kleine Kartoffeln
3 Tomaten
500g Wolfsbarschfilets
½TL Kreuzkümmel
1Msp. Safran
Salz
1 Zweig frischer Koriander oder glatte Petersilie

1. Backofen auf 180°C Ober-/Unterhitze vorheizen und die Brotscheiben 15 Minuten goldbraun rösten, dann herausnehmen.
2. Kartoffeln schälen und würfeln und die Tomaten im Spalten schneiden.
3. 1,5Liter Salzwasser in einem Topf zum Kochen bringen, dann Tomaten- und Kartoffelwürfel zugeben und den Kreuzkümmel unterrühren.
4. 20 Minuten köcheln lassen. Mit Safran und Salz würzen.
5. Suppe nochmals aufkochen lassen, vom Herd nehmen, Fischfilets zugeben und 3 Minuten ziehen lassen, dann mit einem Schaumlöffel herausnehmen.
6. Auf jeden Teller eine Scheibe Brot legen, die Brühe darüber gießen und die Kartoffeln und Fischfilets daraufgeben. Koriander hacken und darüberstreuen.

SOPA DE AJO CON HUEVO
KNOBLAUCHSUPPE MIT EI

Die Sopa de Ajo con Huevo oder Knoblauchsuppe mit Ei ist ein wahrer Klassiker der spanischen Küche und ein Beweis dafür, wie aus einfachen Zutaten ein wahrhaft köstliches und sättigendes Gericht entstehen kann. Mit ihren kräftigen Aromen und wärmenden Eigenschaften ist sie der Inbegriff von Hausmannskost und bietet Trost und Wärme an kühleren Tagen.

ZUTATEN

Für 4 Personen

200g Brot vom Vortag
3 Knoblauchzehen
2EL Olivenöl
2l Gemüsebrühe
½TL Paprikapulver
4 Eier
½ Bund frische Petersilie

1. Brot in Scheiben schneiden und grob würfeln, Knoblauch häuten.
2. Das Öl in einem großen Topf auf mittlerer Stufe erhitzen. Sobald es heiß ist, die ganzen Knoblauchzehen hinzugeben und kurz anbraten.
3. Brotwürfel zugeben und unter Wenden goldbraun rösten. Topf vom Herd nehmen und das Paprikapulver über die Brotwürfel streuen.
4. Kochtopf wieder auf den Herd stellen, die Brühe langsam zugießen und 5 Minuten auf mittlerer Hitze köcheln (nicht kochen) lassen.
5. Die Eier nach und nach aufschlagen und hinzufügen. Leicht umrühren, damit das Eigelb aufbricht und sich gut mit der Suppe vermischt, dann noch 2–3 Minuten köcheln lassen.
6. Petersilie waschen, trocken schütteln und hacken. Petersilie vor dem Servieren über die Suppe geben.

SOPA DE TOMATE
TOMATENSUPPE

Die Sopa de Tomate, eine köstliche Tomatensuppe, ist ein kulinarischer Klassiker, der einen Ehrenplatz in der spanischen Küche einnimmt. Mit ihren frischen Zutaten und intensiven Aromen ist sie eine wahre Freude für jeden Liebhaber von Gemüsesuppen und ein strahlendes Beispiel für die ehrliche und schmackhafte mediterrane Küche.

ZUTATEN

Für 4 Personen

1kg reife Tomaten
2 rote Paprikaschoten
2 Knoblauchzehen
1 Zwiebel
5EL Olivenöl
1EL Zucker
1TL Paprikapulver edelsüß
Salz
2 Stiele frischer Oregano

1. Tomaten und Paprika waschen, Kerne entfernen und klein schneiden. Knoblauch und Zwiebel schälen, fein hacken. Öl in einer Kasserolle erhitzen, Knoblauch und Zwiebeln darin glasig anschwitzen.
2. Gemüse hinzugeben und nach 5 Minuten Zucker, Paprikapulver und eine Prise Salz unterrühren.
3. Mit 1Liter heißem Wasser auffüllen und zum Kochen bringen. Deckel auflegen und bei mittlerer Hitze 10 Minuten kochen lassen. Oregano waschen, trocken schütteln, grob hacken und die Suppe damit garnieren.

SOPA DE ZANAHORIAS
MÖHRENSUPPE

Die Sopa de Zanahorias, eine traditionelle Möhrensuppe, ist eine herzhafte und gesunde Delikatesse, die eine wichtige Rolle in der Küche der Kanarischen Inseln spielt. Sie zeichnet sich durch ihre cremige Textur und ihren süßen, doch herzhaften Geschmack aus, der die Einfachheit der Zutaten in ein köstliches und nahrhaftes Gericht verwandelt.

ZUTATEN

Für 4 Personen

600g Möhren
Salz
1 Zwiebel
10g Schmalz
3EL Olivenöl
2EL Weißweinessig
5g Zucker
60g Gofio – siehe Info
160g Hartkäse wie Queso de Flor Curado – siehe Info S. 61
½ Bund frische Petersilie

1. Möhren putzen, schälen und in leicht gesalzenem Wasser 20 Minuten leicht köcheln lassen. Sieden, dann abseihen und das Kochwasser dabei auffangen. Möhren in Scheiben schneiden.
2. Zwiebel schälen, in dünne Scheiben schneiden. In einer Kasserolle Schmalz zerlassen und Öl hinzugeben. Zwiebelscheiben darin anschwitzen, nach 5 Minuten die Möhren dazugeben und auf mittlerer Hitze anschwitzen.
3. Essig hineinrühren und eine Minute einkochen lassen. Zucker und Gofio unterrühren und das Kochwasser der Möhren zugießen, aufkochen lassen, weitere 5 Minuten köcheln lassen und mit Salz abschmecken. Käse raspeln, Petersilie waschen, trocken schütteln und grob hacken und beides vor dem Servieren über die Suppe streuen.

INFO:
GOFIO

Gofio, ein sehr fein gemahlenes Mehl aus geröstetem Getreide, ist ein traditionelles kanarisches Lebensmittel. Es wird vor allem auf den Kanarischen Inseln konsumiert. Die Hauptzutat für Gofio ist meist geröstetes Mais- oder Weizenmehl, aber es kann auch aus anderen Getreidesorten wie Gerste, Hafer oder Roggen hergestellt werden. Gofio wird in der kanarischen Küche auf vielfältige Weise verwendet. Er lässt sich als Zutat in verschiedenen Gerichten einsetzen oder kann als eigenständige Mahlzeit dienen. Traditionell wird er oft mit Milch, Joghurt, Honig oder Zucker vermischt und als Frühstück oder Snack gegessen. Man kann ihn auch in Suppen oder Eintöpfen verwenden, um ihnen eine dickere Konsistenz zu verleihen. Darüber hinaus wird Gofio manchmal zu Teig verarbeitet und zu Brot, Keksen oder Desserts gebacken. Gofio hat einen nussigen Geschmack und eine leicht raue Textur. Er ist reich an Ballaststoffen, Kohlenhydraten und Proteinen und enthält auch wichtige Vitamine und Mineralstoffe.

WEIZEN-GOFIO

Dies ist die gebräuchlichste Sorte mit einem milden Geschmack. Weizen-Gofio wird oft zum Frühstück in Milch eingerührt oder zur Verdickung von Suppen und Eintöpfen verwendet. Darüber hinaus wird er verwendet, um Brot, Kuchen und andere Backwaren herzustellen.

MAIS-GOFIO

Dieser Typ hat einen etwas stärkeren Geschmack und ist eine wichtige Zutat in vielen traditionellen Gerichten der Kanarischen Inseln. Mais-Gofio kann auch als Beilage zu Fleisch- und Fischgerichten serviert werden, ähnlich wie Polenta.

GEMISCHTER GOFIO (MIXTO)

Eine Mischung aus Weizen- und Mais-Gofio, die ein ausgewogenes Verhältnis von Geschmack und Textur bietet.

KICHERERBSEN-GOFIO

Dieser Typ ist reicher und nussiger im Geschmack. Er wird oft als Basis für vegetarische und vegane Gerichte verwendet und dient auch zur Herstellung von Hummus und anderen Dips.

SÜSSKARTOFFEL-GOFIO

Dieser süßere Gofio wird oft in Desserts verwendet, aber auch in herzhaften Gerichten, wo er eine süßere Note verleiht. Er eignet sich gut zum Backen von Kuchen und Keksen oder als Beilage zu gebratenem Fleisch und Fisch.

QUESO DE FLOR CURADO

Queso de Flor Curado ist eine Variante des kanarischen Käses »Queso Flor«, der aus Gran Canaria stammt. Im Gegensatz zum jungen oder frischen Queso Flor durchläuft der Queso de Flor Curado einen längeren Reifungsprozess, der ihm einen intensiveren Geschmack verleiht. Für Queso de Flor Curado wird Ziegenmilch verwendet. Der Käse wird traditionell von Hand hergestellt und zeichnet sich durch eine feste Konsistenz und eine rötliche oder bräunliche Rinde aus. Während des Reifungsprozesses entwickelt der Queso de Flor Curado einen reichhaltigen und würzigen Geschmack. Die Textur des Käses wird fester und kompakter, während sich die Aromen intensivieren. Der Reifungsprozess kann mehrere Monate oder sogar Jahre dauern, wodurch der Käse an Geschmack und Charakter gewinnt.

RANCHO CANARIO
FLEISCHTOPF MIT NUDELN

Rancho Canario, ein rustikaler Fleisch- und Nudeltopf von den Kanarischen Inseln, ist eine geschmackvolle und herzhafte Mahlzeit, die den Geist der Inselküche auf wundervolle Weise verkörpert.

ZUTATEN

Für 4 Personen

250g getrocknete Kichererbsen
4mittelgroße Kartoffeln
2 reife Tomaten
1 Zwiebel
4EL Olivenöl
500g Schweinelende
150g Chorizo
1EL Paprikapulver
Salz
1Msp. Safran
250g Spaghetti

1. Kichererbsen 6 Stunden in Wasser einweichen.
2. Kartoffeln schälen und würfeln. Tomaten waschen, Kerne entfernen, würfeln. Zwiebel schälen, fein hacken.
3. Öl in einem Topf erhitzen und die Zwiebeln 5 Minuten anschwitzen, dann die Tomatenwürfel zugeben. Unter ständigem Rühren 8 Minuten auf kleiner Stufe durchziehen lassen.
4. Lende in mundgerechte Stücke schneiden. Chorizo würfeln und zusammen mit der Lende in den Topf geben, alles 6 Minuten schmoren.
5. Kichererbsen abgießen und zusammen mit den Kartoffeln, dem Paprikapulver, einer Prise Salz und Safran in den Topf geben und mit 1,5Liter Wasser aufgießen. Abgedeckt 1 Stunde köcheln lassen.
6. Spaghetti hinzugeben, kurz aufkochen lassen, danach vom Herd nehmen. 30 Minuten zugedeckt ziehen lassen und lauwarm servieren.

POTAJE DE BERROS
EINTOPF AUS BRUNNENKRESSE

Dies ist ein Eintopf aus Brunnenkresse, der auf den Kanarischen Inseln sehr beliebt ist. Es handelt sich um einen Gemüseeintopf, und obwohl er auf jeder Insel - und wahrscheinlich in jedem Haushalt - nach einem eigenen Rezept zubereitet wird, kann dieses Rezept als Grundlage dienen, um es an Ihren Geschmack und an die Zutaten anzupassen, die Sie in Ihrer Küche haben.

ZUTATEN

Für 4 Personen

400g Brunnenkresse
400g gehackte Schweinerippchen
250g Kürbis
4 Kartoffeln
1 Süßkartoffel
1 Zucchini
1 Dose weiße Bohnen (ca. 400g)
2 Maiskolben
1,5l Wasser
1Lorbeerblatt

1. Brunnenkresse hacken, Kartoffeln, Kürbis und Süßkartoffel schälen und würfeln. Zucchini je nach Größe in Scheiben schneiden und ggf. halbieren. Weiße Bohnen abseihen und die Maiskolben in Scheiben schneiden. Fleisch von den Rippchen schneiden.
2. Alle Zutaten in einen Topf geben, mit 1,5Liter Wasser aufgießen, Lorbeerblatt zugeben und aufkochen lassen. Dann auf mittlerer Hitze mit geschlossenem Deckel 1 Stunde köcheln lassen. Heiß servieren.

FLEISCH UND FISCH

ARROZ CON POLLO
HUHN MIT SAFRANREIS

In diesem schmackhaften Gericht verschmilzt zartes Brathähnchen mit duftendem Safranreis zu einer harmonischen Symphonie kulinarischer Genüsse. Die sorgfältig ausgewählten Zutaten, von saftigem Schweinespeck bis hin zu frischen, reifen Tomaten, verleihen dem Gericht eine Fülle von Geschmacksnoten. Der verführerische Duft des Safrans zieht bereits beim Kochen durch die Küche, verleiht dem Reis eine wunderschöne goldene Farbe und sorgt für einen subtilen Hauch von Exotik. Das Aroma der Petersilie rundet das Ganze ab und verleiht dem Arroz con Pollo eine frische Note, die das Geschmackserlebnis vervollständigt.

ZUTATEN

Für 4–6 Personen

1 Brathähnchen (1,5kg)
Salz
Pfeffer
150g gepökelter Schweinespeck
150g Zwiebeln
2 Knoblauchzehen
4 Tomaten
1EL Schweineschmalz
1EL Paprikapulver rosenscharf
350g Reis (z.B. Basmati)
300g Erbsen (frisch oder TK)
1Msp. Safranpulver
1 Bund glatte Petersilie

1. Das Brathähnchen in 6–8 Stücke zerteilen, waschen, gründlich abtrocknen, mit Salz und Pfeffer würzen.
2. Speck fein würfeln. Zwiebeln und Knoblauch schälen, fein hacken. Tomaten waschen, überbrühen, häuten und fein würfeln.
3. In einer Kasserolle das Schmalz bei mittlerer Hitze zergehen lassen. Speck hineingeben und knusprig braten, dann auf Küchenpapier legen. Hühnerteile in dem verbliebenen Bratfett von allen Seiten anbraten, herausnehmen und warm stellen. Bis auf eine dünne Schicht das Fett abgießen.
4. Zwiebeln und Knoblauch darin bei schwacher Hitze 5 Minuten schmoren.
5. Paprikapulver und Tomaten hinzufügen und unter ständigem Rühren bei mittlerer Hitze 5 Minuten schmoren, bis die Mischung dickflüssig ist.
6. 750ml Wasser zum Kochen bringen. Hühnerteile, Speck, Reis, Erbsen, Wasser, Safran und eine Prise Salz in die Pfanne mit den Tomaten einrühren, zugedeckt 20–30 Minuten köcheln lassen, bis das Huhn weich ist und der Reis die Flüssigkeit aufgesaugt hat.
7. Petersilie waschen, trocken schütteln und fein hacken, unterrühren.

CAZUELA DE GALLINA
HUHN MIT KICHERERBSEN UND GEMÜSE

Cazuela de Gallina ist mehr als nur ein Gericht – es ist eine Hommage an die reiche Vielfalt und Leidenschaft der kanarischen Esskultur. Mit jedem Bissen entdecken wir die Geheimnisse dieser faszinierenden Inselküche und lassen uns von den unverwechselbaren Aromen verzaubern.

ZUTATEN

Für 4 Personen

350g getrocknete Kichererbsen
1 Huhn (küchenfertig, 1,5kg)
4 Pfefferkörner
1 Zwiebel
20g Schmalz
2 reife Tomaten
12 kleine Frühkartoffeln
250g saisonales Gemüse (zum Beispiel Kürbis, Zucchini etc.)
3–4 Safranfäden
Salz
1 Bund frische glatte Petersilie

1. Kichererbsen 4 Stunden in kaltem Wasser einweichen, abgießen. Das Huhn zusammen mit den Kichererbsen und den Pfefferkörnern mit reichlich kaltem Wasser in einem Topf aufsetzen und zugedeckt auf mittlerer Hitze zum Kochen bringen.
2. Zwiebel schälen und fein hacken. In einer Pfanne das Schmalz schmelzen und die Zwiebeln darin anschwitzen.
3. Tomaten waschen, entkernen, klein schneiden, in die Pfanne zu den Zwiebeln geben und 10 Minuten bei niedriger Hitze köcheln lassen. Pfanneninhalt zu dem kochenden Huhn geben und zugedeckt weitere 1,5 Stunden köcheln.
4. Kartoffeln waschen. Gemüse waschen, klein schneiden und 20 Minuten vor Ende der Garzeit mit einigen Safranfäden zum Huhn geben. Mit Salz abschmecken.
5. Topf vom Herd nehmen, zugedeckt 15 Minuten ziehen lassen, dann das Huhn zerteilen und mit den Kichererbsen und den Kartoffeln auf Tellern anrichten.
6. Vor dem Servieren die Petersilie waschen, klein hacken und darüber streuen.

ROPA VIEJA CANARIA
KANARISCHER FLEISCHTOPF MIT HÜLSENFRÜCHTEN UND GEMÜSE

In jedem Bissen spürt man die Wärme der Inseln, die Aromen der Gewürze und die Liebe zum Detail, die dieses Gericht zu etwas ganz Besonderem machen.

ZUTATEN

Für 4 Personen

250g getrocknete Kichererbsen
1 reife Tomate
1gelbe Paprikaschote
10 mittelgroße Kartoffeln
300g Rindfleisch ohne Knochen
300g Schweinefleisch ohne Knochen
1TL Salz
1 Zwiebel
4EL Olivenöl
2 Zweige Thymian
1 rote Chilischote
4 Knoblauchzehen
1Lorbeerblatt
1Msp. Kreuzkümmel
250ml trockener Weißwein
½ Bund krause Petersilie
je 50g schwarze und grüne Oliven

1. Kichererbsen 6 Stunden in kaltem Wasser einweichen.
2. Tomate und Paprika waschen, Kerne entfernen, Tomate klein und die Paprika in Streifen schneiden. Kartoffeln putzen, schälen und in Würfel schneiden.
3. Rind- und Schweinefleisch in mundgerechte Stücke schneiden.
4. Kichererbsen abgießen, mit klarem Wasser ausspülen, dann zusammen mit dem Fleisch in einen großen Topf geben, mit kaltem Wasser bedecken, Salz zugeben und zugedeckt zum Kochen bringen. 1 Stunde köcheln lassen.
5. Fleisch und Kichererbsen herausnehmen und abkühlen lassen, Brühe aufheben.
6. Zwiebel häuten und fein hacken. 2EL Öl in einer Kasserolle erhitzen, Zwiebeln darin anschwitzen.
7. Thymian und Chilischote waschen. Knoblauchzehen häuten. Thymianblättchen vom Zweig abzupfen, Chilischote entkernen und fein hacken, dann zusammen mit dem Knoblauch, Lorbeerblatt, Thymian und Kümmel in den Topf geben.
8. Nach 5 Minuten die Tomaten, Paprika und Weißwein hineinrühren, mit Salz abschmecken und unter Rühren 5 Minuten einkochen lassen.

9. Fleisch zusammen mit den Kichererbsen und 2 Schöpflöffeln der Brühe dazugeben, aufkochen und 15 Minuten weiterköcheln lassen.
10. 2EL Öl in einer Pfanne erhitzen und die Kartoffelwürfel darin von allen Seiten goldbraun anbraten. 8 Minuten vor Ende der Garzeit in den Topf geben.
11. Petersilie waschen, trocken schütteln und das Gericht damit garnieren.
12. Die Oliven als Beilage servieren.

PUCHERO CANARIO
KANARISCHER EINTOPF

Dieses traditionelle Gericht verbindet zartes Rindfleisch, würzigen Speck, köstliche Chorizo und saftige Hähnchenbrust zu einer reichhaltigen Geschmackskomposition. Doch das ist noch nicht alles! Der Puchero Canario wird komplettiert durch die leckere Vielfalt von Karotten, Kürbis, Zucchini, Süßkartoffeln, Kartoffeln und Birnen, die dem Eintopf eine Fülle von Aromen und Texturen verleihen.

ZUTATEN

Für 4 Personen

2kg Rindfleisch
200g Speck
200g Chorizo
400g Hähnchenbrust
1 Dose Kichererbsen (ca. 400g)
1 Dose weiße Riesenbohnen (ca. 800g)
500g Grünkohl
1 Karotte
100g Kürbis
2 Zucchini
100g Süßkartoffeln
5 festkochende Kartoffeln
1 Knoblauchzehe
3 harte Birnen
1EL Olivenöl
1Msp. Safran
½TL gem. Kreuzkümmel
Sonnenblumenöl

1. Rindfleisch in mundgerechte Stücke schneiden, Speck würfeln, Chorizo in Scheiben und die Hähnchenbrust in Streifen schneiden.
2. Kichererbsen und Bohnen abtropfen lassen. Grünkohl klein hacken. Karotte und Kürbis würfeln. Zucchini halbieren und in Scheiben schneiden. Süßkartoffel und Kartoffeln schälen und grob würfeln. Knoblauch häuten und fein hacken.
3. Birnen achteln und entkernen.
4. Einen Topf mit ca. 1,5Liter Wasser füllen, 1EL Öl zugeben. Sobald das Wasser kocht, das Fleisch, die Chorizo und den Speck dazugeben und 30 Minuten köcheln lassen.
5. Dann Kichererbsen, Bohnen, Grünkohl, Kürbis, Karotte, Süßkartoffel und Kartoffeln dazugeben.
6. Nach weiteren 20 Minuten Zucchini und die Birnenachtel dazugeben. Alles noch 5 Minuten köcheln lassen, dann mit etwas Safran, Knoblauch und Kreuzkümmel würzen.

TIPP:
In einigen Regionen wird der Eintopf noch mit Maiskolben serviert. Dazu einfach 3 Maiskolben in Ringe schneiden und zusammen mit den Kichererbsen in den Topf geben.

TOMATES AL ESTILO DE LAS PALMAS

GEFÜLLTE TOMATEN À LA LAS PALMAS

Große, reife Tomaten bilden die schmackhafte Hülle für diese leckere Füllung und verleihen dem Gericht einen Hauch von mediterranem Flair. Eine Handvoll frischer Petersilie sorgt für eine aromatische Note und rundet das Ganze gekonnt ab.

ZUTATEN

Für 4 Personen

10EL Olivenöl
150g Hühnerbrustfilets
150g magerer roher Schinken
4 große Tomaten
4 Stängel Petersilie
60g Semmelbrösel
Pfeffer
Salz

1. Den Backofen auf 200°C Ober-/Unterhitze vorheizen.
2. In einer Pfanne 2EL Öl erhitzen und die Hühnerbrust darin von beiden Seiten kurz anbraten, herausnehmen und auf ein Küchenpapier abtropfen lassen.
3. Dann zusammen mit dem Schinken in einen Mixer geben und zerkleinern.
4. Tomaten waschen, abtrocknen, Stielansatz entfernen und halbieren. Kerne und Scheidewände entfernen und mit der Fleischmasse füllen.
5. Petersilie waschen, trocken tupfen und klein hacken. In einer Schüssel die Semmelbrösel, Petersilie, eine Prise Pfeffer, eine Prise Salz und 7EL Öl verrühren und auf die Tomatenhälften streichen. Eine Auflaufform mit 1EL Öl ausstreichen, die Tomaten hineinsetzen und im Ofen 15 Minuten backen.

SOLOMILLO AL PLÁTANO CANARIO
RINDERFILET MIT BANANEN NACH KANARISCHER ART

Solomillo al Plátano Canario, das Rinderfilet mit Bananen nach kanarischer Art, ist ein wahrhaft erstaunlicher Gaumenschmaus. Dieses traditionelle Gericht bringt das Beste der Inselküche zum Ausdruck und repräsentiert die subtile Mischung aus lokal verfügbaren Zutaten, die durch jahrhundertealte Traditionen kombiniert werden.

ZUTATEN

Für 4 Personen

700g Jungochsenfilet
Salz
Pfeffer
50g Schmalz
2 Tomaten
1 Möhre
1 Zwiebel
4 Bananen
1Lorbeerblatt
1 Thymianzweig
200ml Rotwein
200g Reis

1. Backofen auf 240°C Umluft vorheizen.
2. Filet salzen und pfeffern. Einen ofenfesten Bräter mit 30g Schmalz ausfetten, Filet hineinlegen und unter mehrmaligem Wenden ca. 10 Minuten anbraten.
3. Tomaten waschen, Strunk entfernen und vierteln. Möhre putzen, schälen und würfeln.
4. Zwiebel und 2 Bananen schälen, in Scheiben schneiden. Alles zusammen mit dem Lorbeerblatt und dem Thymianzweig zu dem Fleisch legen.
5. Hitze im Backofen auf 200°C reduzieren, Bräter in den Ofen schieben und 30 Minuten weiter braten. Gelegentlich immer wieder etwas Wein über das Fleisch gießen.
6. Bräter aus dem Ofen nehmen, Fleisch herausnehmen und in Scheiben schneiden. Lorbeer und Thymian entfernen.
7. Den Bratensatz bei niedriger Hitze zum Kochen bringen und 3 Minuten köcheln lassen.
8. Restliche Bananen schälen, in Scheiben schneiden, mit Salz, Pfeffer und dem restlichen Schmalz zur Soße geben. Bei schwacher Hitze durchziehen lassen. Filets auf die Soße legen und 5 Minuten warm werden lassen. Reis zusammen mit dem Filet und der Soße servieren.

TORTILLA DE GAMBAS
GARNELEN-TORTILLA

Tortilla de Gambas, die spanische Garnelen-Tortilla, ist eine einfache, aber dennoch bemerkenswert verlockende Delikatesse, die den unverwechselbaren Geschmack und die reiche Kultur der mediterranen Küche widerspiegelt.

ZUTATEN

Für 4 Personen

200g geschälte, gegarte Garnelen (frisch oder TK)
250g Kartoffeln
2EL Zitronensaft
3EL Olivenöl
4 Eier
Salz
Pfeffer

1. Tiefgekühlte Garnelen auftauen lassen. Kartoffeln waschen, in Salzwasser gar kochen, schälen, dann klein würfeln.
2. Garnelen mit Zitronensaft beträufeln.
3. Olivenöl in einer Pfanne (ca. 20cm Durchmesser) erhitzen, die Garnelen kurz darin schwenken.
4. Eier in einer Schüssel mit Salz und Pfeffer würzen und gut verquirlen. Kartoffeln hinzugeben und die Masse gleichmäßig über die Garnelen in der Pfanne gießen. Bei schwacher Hitze 5–7 Minuten stocken lassen, wenden und weitere 5 Minuten garen. Auf einen Teller gleiten lassen und in Stücke schneiden.

CARBANZAS COMPUESTAS
KICHERERBSEN-ALLERLEI

Garbanzas Canarias, auch bekannt als Garbanzada, ist ein typisches Rezept der kanarischen Gastronomie, das als Tapa oder als erster oder zweiter Gang gegessen werden kann.

Dieses köstliche und traditionelle Gericht kann man in fast allen kanarischen Restaurants bestellen. In einigen Regionen werden noch Scheiben einer speziellen Blutwurst zugegeben: die Morcilla Dulce de Teror. Sie stammt aus dem Wallfahrtsort Teror. Im Gegensatz zu herkömmlichen Blutwürsten, die in der Regel pikant gewürzt sind, zeichnet sich die Morcilla Dulce de Teror durch ihre süßen Zutaten wie Mandeln und braunen Zucker aus. Ich habe für das Rezept ganz »normale« Blutwurst genommen.

ZUTATEN

Für 4–6 Personen

500g getrocknete Kichererbsen
150g Rippchen
100g Schweinefleisch
150g Speckwürfel
250g Chorizo-Wurstscheiben
1 Zwiebel
3 Knoblauchzehen
300g passierte Tomaten
50ml Olivenöl
½EL gemahlener schwarzer Pfeffer
½TL Paprika edelsüß
1EL getrockneter Thymian
½Lorbeerblatt
250ml Weißwein, trocken

1. Am Vorabend die Kichererbsen und die Rippchen in getrennte Behälter mit Wasser geben und über Nacht ziehen lassen. Schweinefleisch würfeln und kalt stellen.
2. Am nächsten Tag einen Topf mit Wasser aufsetzen, die Kichererbsen, die Rippchen und das Schweinefleisch zugeben und zum Köcheln bringen.
3. Beim ersten Aufkochen den Speck und die Chorizo zugeben und köcheln lassen.
4. In der Zwischenzeit Zwiebel häuten und würfeln, Knoblauch pressen und Tomaten würfeln.
5. Zwiebeln, Knoblauch und Olivenöl pürieren. In eine Pfanne geben und auf mittlerer Hitze anschwitzen lassen. Tomaten untermengen und mit Pfeffer, Paprika und Thymian würzen. Lorbeerblatt zugeben und weitere 45 Minuten bei mittlerer Hitze langsam reduzieren.
6. Wenn die Soße fertig ist, in den Kichererbsentopf geben und gut umrühren. Wein unterrühren und nochmals aufkochen lassen.

TIPP:
250g Blutwurst
in Scheiben mit dem
Wein zugeben und
aufkochen lassen.

CONEJO EN SALMOREJO

Bei diesem Gericht wird ein Kaninchen in eine Marinade aus Knoblauch, Essig, Olivenöl, Lorbeerblättern, Paprika und Gewürzen eingelegt und dann gebraten oder geschmort. Es wird oft mit Papas Arrugadas (S. 34) als Beilage serviert.

ZUTATEN

Für 4 Personen

1 geputztes und zerkleinertes Kaninchen, ca. 2kg
750ml Weißwein
250ml Rotweinessig
15 Knoblauchzehen
1Lorbeerblatt
1TL schwarzer Pfeffer
1EL gemahlener Kreuzkümmel
1EL Paprikapulver rosenscharf
1EL Paprikapulver edelsüß
1EL getrockneter Thymian
1EL getrockneter Oregano
50g Meersalz
600ml natives Olivenöl extra
1 Bund frischer Koriander oder Petersilie

1. Knoblauchzehen in einen Mörser geben und mit einem Stößel zerstoßen. Lorbeerblatt, schwarzen Pfeffer, Kreuzkümmel, Paprikapulver rosenscharf, Paprikapulver edelsüß, getrockneten Thymian, getrockneten Oregano und Meersalz zugeben und alles mit etwas Olivenöl und 2EL Rotweinessig zu einer Paste verrühren. Die Kaninchenteile mit der Paste einreiben.
2. Restlichen Essig, 300ml Olivenöl und Weißwein zugießen und in einem luftdichten Behälter abdecken und 24 Stunden im Kühlschrank marinieren lassen. Nach Ablauf der Marinierzeit das Kaninchen aus der Marinade nehmen.
3. Eine tiefe Kasserolle mit reichlich nativem Olivenöl zum Braten erhitzen. Das Kaninchen abtropfen lassen und die Marinade auffangen. Kaninchen von allen Seiten braten, bis es gut gebräunt ist. Dazu alle Teile etwa 15 Minuten lang zunächst bei mittlerer und dann bei starker Hitze braten, bis sie gut durchgebraten sind. Sobald sie goldbraun sind, die Stücke in einen großen Bräter geben.
4. Die restliche Marinade (vom Abtropfen des Kaninchens) über das Öl gießen, in dem das Kaninchen gebraten wurde. Mischung etwa 10 Minuten lang kochen, damit der Alkohol aus Wein und Essig verdunstet.
5. Die Soße in den Bräter gießen, in dem sich die Kaninchenteile befinden, und 30 Minuten lang bei mittlerer Hitze kochen, bis das Fleisch weich ist. Wenn es zu wenig Flüssigkeit hat, kann man noch ein wenig Wasser hinzufügen. Kaninchenstücke nach 15 Minuten Garzeit wenden, wenn nötig.
6. Vor dem Servieren einige Minuten ruhen lassen und mit ein wenig fein gehackter frischer Petersilie oder Koriander bestreuen.

ROPA VIEJA AL ESTILO CANARIO

Die Ropa Vieja al Estilo Canario ist ein klassisches Gericht aus der kanarischen Küche, dessen Name übersetzt »alte Kleidung« bedeutet. Diese humorvolle Bezeichnung entstand aufgrund der bunten Mischung aus Zutaten, die darin enthalten sind und an zerrissene Stoffreste erinnern. Das Gericht hat seine Wurzeln in der spanischen Küche, speziell in der andalusischen Region, wo es ursprünglich als eine Art Resteverwertung für übrig gebliebenes Fleisch von anderen Gerichten, insbesondere von Cocido, einem traditionellen Eintopf, entstanden ist. Auf den Kanarischen Inseln wurde das Rezept jedoch angepasst und ist heute eine eigenständige Spezialität. Das Gericht wird oft mit Kartoffeln serviert.

ZUTATEN

Für 4 Personen

je 250g Hühner-, Rind- und Schweinefleisch
1 Zwiebel
2 Knoblauchzehen
4 Tomaten
2EL natives Olivenöl
½ rote Paprikaschote
½grüne Paprikaschote
1TL Paprikapulver edelsüß
1TL Cayennepfeffer
1große Dose Kichererbsen (ca. 400g)
2Lorbeerblätter
½TL gem. Kreuzkümmel
1TL Oregano
1TL Thymian
150ml Weißwein
375ml Fleischbrühe
Salz, Pfeffer

1. Fleisch in mundgerechte Stücke schneiden.
2. Zwiebel und Knoblauch häuten und würfeln. Tomaten würfeln. Paprika in Streifen schneiden
3. In einer tiefen Pfanne 2EL Öl erhitzen und die Zwiebeln, den Knoblauch und die Tomaten anbraten. Paprikastreifen zugeben, umrühren, 1TL Paprikapulver hinzugeben und 1 Minute lang braten.
4. Cayennepfeffer hinzufügen und unterrühren. Kichererbsen abtropfen lassen und unterrühren.
5. Lorbeerblätter, Kreuzkümmel, Oregano und Thymian hinzugeben und 5 Minuten köcheln lassen. Fleisch und Wein hinzufügen und aufkochen lassen.
6. Brühe zugießen und unterrühren. Bei mittlerer Hitze und geschlossenem Deckel 10–15 Minuten kochen lassen, damit die Flüssigkeit verdampfen kann.
7. Mit Salz und Pfeffer würzen.

CARAJACAS

Carajacas sind ein traditionelles Gericht, das auch in einigen Teilen Spaniens und in Teilen Lateinamerikas beliebt ist. Es handelt sich um eine Mischung aus Innereien, meistens vom Schwein oder Rind. Die genaue Zubereitung kann je nach Region variieren, aber typischerweise werden die Innereien in dünne Streifen geschnitten und dann mariniert oder gewürzt. Anschließend werden sie in der Regel in einer Pfanne oder auf einem Grill gebraten oder gegrillt. Carajacas sind für ihren intensiven Geschmack und ihre Textur bekannt und werden oft als Tapas oder als Hauptgericht serviert. In einigen Gebieten sind sie eine traditionelle Delikatesse und werden gerne bei Festivals und besonderen Anlässen genossen. Obwohl sie nicht allen schmecken, sind sie für viele Menschen ein kulinarischer Genuss.

ZUTATEN

Für 2 Personen

4 Knoblauchzehen
1TL Paprikapulver edelsüß
1EL Thymianblätter
1EL Kreuzkümmelpulver
50ml Weißweinessig
100ml natives Olivenöl extra
400g Kalbsleber
weißer Pfeffer
Salz

1. Knoblauch häuten und zusammen mit Paprika, Thymianblättern, Kreuzkümmel, Weißweinessig, 1EL Olivenöl, Pfeffer und Salz in einem Mixer verquirlen.
2. Die Haut von der Leber entfernen und die Leber in Filets schneiden. Die Leberfilets in eine Auflaufform legen und mit der Hälfte der Würzmischung bedecken. 8 Stunden im Kühlschrank ziehen lassen.
3. Das restliche Öl in einer Pfanne erhitzen, die Leberfilets und die restliche Würzmischung hinzufügen, von allen Seiten anbraten.

TIPP:
Dazu kann man Papas Arrugadas (S. 34) oder einen Salat mit Tomaten servieren.

DESSERTS

MOUSSE DE GOFIO

Gofio, die Kraftnahrung Fuerteventuras.

In der typischen kanarischen Tagesküche Fuerteventuras spielt Gofio eine unverzichtbare Rolle. Es ist nicht nur ein vielseitiges Mehl aus geröstetem Mais (Kanarisch: millo, Spanisch: maíz) und/oder Weizen (Spanisch: trigo), sondern auch ein Naturprodukt mit charakteristischer Farbe und Geschmack. Der reine Gofio ist hell, leicht gelblich oder zart hellbraun, abhängig davon, wie intensiv das Getreide geröstet wurde. Im Gegensatz zu normalem Mehl ist er nicht so weiß, was ihm seinen rustikalen Charme verleiht. Die Wurzeln des Gofio reichen bis in die prähispanische Zeit zurück, als die ursprünglichen Bewohner der Kanaren, von berberischer Herkunft, ihn als fundamentalen Bestandteil ihrer täglichen Ernährung nutzten.

ZUTATEN

Für 4 Personen

3 Eier

150g gezuckerte Kondensmilch

110g kanarischer Gofio

abgeriebene Schale von 1 Zitrone

20ml Vollmilch

400ml Schlagsahne

geröstete Mandeln und etwas gemahlener Zimt (optional)

1. Eier trennen und Eigelb mit der Kondensmilch verrühren. Gofio und die Zitronenschale unterrühren. Milch dazugeben und verrühren.
2. Die Sahne steif schlagen. Eiweiße steif schlagen. Sahne und Eiweiß unter die Gofio-Mischung heben.
3. In Schälchen füllen und für 1 Stunde kühl stellen. Nach Geschmack mit gerösteten Mandeln und Zimt servieren.

FRANGOLLO CANARIO
KANARISCHER PUDDING

Der Frangollo Canario, ein traditioneller Pudding von den Kanarischen Inseln, ist ein echtes Highlight für alle, die leckere Nachtische mögen. Der cremige und aromatische Pudding aus Hirse- oder Maismehl bildet einen süßen Abschluss für jedes Essen und ist ein eindrucksvolles Beispiel für die schmackhaften und vielseitigen Desserts der kanarischen Küche.

ZUTATEN

Für 4 Personen

1l Milch
250g Hirsemehl (wahlweise auch Maismehl)
20g Butter
1 Zimtstange oder gemahlener Zimt
abgeriebene Schale von 1 Zitrone
1EL Olivenöl
50g Rosinen
100g gemahlene Mandeln
1 Prise Salz

Dekoration (optional)
50g blanchierte Mandeln
20g Rosinen
4TL Palmhonig

1. Milch in einen tiefen Kochtopf gießen und erhitzen. Hirsemehl und Butter zugeben und unterrühren, bis die Butter geschmolzen ist.
2. Zimtstange oder gemahlenen Zimt, Zitronenschale, Öl und Rosinen, Mandeln und Salz unterrühren und alles zum Kochen bringen. Unter Rühren 8–10 Minuten dicklich einköcheln lassen.
3. In Gläser füllen und abkühlen lassen.
4. Vor dem Servieren die Mandeln kurz in einer beschichteten Pfanne ohne Fettzugabe anrösten. Das Dessert mit gerösteten Mandeln, Rosinen und Palmhonig garnieren.

TORTITAS DE CALABAZA
KANARISCHE KÜRBISKÜCHLEIN

Tortitas de Calabaza sind leckere kanarische Kürbisküchlein, die oft als Snack oder Dessert genossen werden.

ZUTATEN

Für 6–12 Stück (je nach gewünschter Größe)

250g Kürbis (z.B. Hokkaido oder Butternut)
100g Mehl
1TL Backpulver
2EL Zucker
1 Prise Salz
1TL gemahlener Zimt
½TL gemahlene Muskatnuss
1 Ei
100ml Milch
Öl zum Braten
Puderzucker

1. Den Kürbis schälen, die Kerne entfernen und das Fruchtfleisch in kleine Würfel schneiden. Kürbiswürfel in einem Topf mit etwas Wasser kochen, bis sie weich sind. Abgießen und abkühlen lassen.
2. In einer Schüssel Mehl, Backpulver, Zucker, Salz, Zimt und gemahlene Muskatnuss vermischen.
3. Die gekochten Kürbiswürfel pürieren, bis eine glatte Masse entsteht. Das pürierte Kürbisfleisch zur Mehlmischung geben und das Ei hinzufügen. Gut verrühren.
4. Nach und nach die Milch hinzugießen und weiter rühren, bis ein glatter Teig entsteht. Die Konsistenz sollte ähnlich wie die von Pfannkuchenteig sein.
5. In einer Pfanne etwas Öl erhitzen. Mit einem Esslöffel kleine Portionen des Teigs in die Pfanne geben und zu kleinen runden Tortitas formen. Dabei darauf achten, genug Abstand zwischen den Küchlein zu lassen.
6. Die Tortitas auf beiden Seiten goldbraun braten. Dies dauert normalerweise 2–3 Minuten pro Seite.
7. Die fertigen Tortitas auf Küchenpapier legen, um überschüssiges Öl abtropfen zu lassen.
8. Tortitas de Calabaza mit Puderzucker bestäuben und warm servieren.

POLVITO URUGUAYO CANARIO

Dies ist kein ursprünglich von Gran Canaria stammendes Rezept, denn wie der Name des Polvito Uruguayo schon andeutet, kommt es aus Uruguay, allerdings wurde es abgewandelt. Das Dessert ist auf den Kanarischen Inseln sehr beliebt, mittlerweile hat es jedes Restaurant auf der Speisekarte.

ZUTATEN

Für 4 Personen

300g Maria-Kekse (oder Butterkekse)

80g Butter

2EL Milch

200ml Schlagsahne

400g Dulce de Leche (Karamellcreme)

12 Baisertupfen

1. Kekse zerbröseln, Butter erhitzen und mit 2EL Milch unter die Kekse mengen.
2. Sahne steif schlagen.
3. Keksmasse als Boden auf 4 Gläser verteilen. Dann abwechselnd Dulce de Leche und Sahne darauf schichten. Vorgang wiederholen.
4. Für 2 Stunden in den Kühlschrank stellen. Vor dem Servieren Baisers zerbröseln und darüber geben.

BIENMESABE CANARIO

Dies ist ein traditionelles kanarisches Dessert. Es besteht aus einer süßen Creme, die aus gemahlenen Mandeln, Eigelb, Zucker und Zitrone hergestellt wird. Es wird oft mit Eis serviert.

Der kanarische Bienmesabe ist auch in Tejeda auf der Insel Gran Canaria sehr beliebt, einem Ort, der für seine Mandelbäume bekannt ist.

ZUTATEN

Für 4 Personen

250g geschälte Mandeln
250g weißer Zucker
250ml Wasser
4 Eigelb
Schale von ½ Zitrone
½TL Zimtpulver

1. Mandeln mahlen.
2. Wasser und Zucker in einem Topf zum Kochen bringen, dabei nicht rühren. Gemahlene Mandeln, Zitronenschale und Zimt hinzufügen, sobald sich der Zucker vollständig aufgelöst hat.
3. Hitze reduzieren und unter Rühren eindicken lassen, dann vom Herd nehmen und auf Zimmertemperatur runterkühlen.
4. Eigelb schlagen und unterrühren. Bei mittlerer Hitze unter Rühren köcheln lassen, bis eine dichte Konsistenz erreicht ist.
5. In Gläser füllen und im Kühlschrank auskühlen lassen.

TIPP:
Bienmesabe kann auch auf Toast oder sogar mit Naturjoghurt verrührt genossen werden.

LECHE ASADA
MILCHPUDDING AUS DEM BACKOFEN

Leche Asada ist eine Art Milchpudding, der mit Milch, Zucker, Eiern, Zitrone und Zimt zubereitet wird. Der Pudding wird im Ofen gebacken, bis er eine feste Textur hat.

ZUTATEN

Für 4 Personen

1l Milch
15g Maisstärke
6 Eier
70g Zucker
abgeriebene Schale von 1 Zitrone
½TL gemahlener Zimt
4EL Palmhonig (oder etwas Karamellsoße)

1. Backofen auf 180°C Ober-/Unterhitze vorheizen.
2. Milch bei mittlerer Hitze lauwarm erwärmen, vom Herd nehmen.
3. 100ml der Milch entnehmen, in ein separates Gefäß geben und mit Maisstärke verrühren.
4. Eier in eine Schüssel geben und aufschlagen. Zucker, Maisstärkemischung und restliche Milch zugeben und unterrühren. Zitronenabrieb zusammen mit dem Zimt unterrühren.
5. Masse in ofenfeste Puddingförmchen geben und ca. 20 Minuten im Ofen stocken lassen.
6. Pudding mit etwas Palmhonig oder Karamellsoße beträufeln.

GEBÄCK UND KUCHEN

BUÑUELOS DE BATATA
SÜSSKARTOFFEL-BEIGNETS

Die Buñuelos de Batata oder Süßkartoffel-Beignets sind eine Delikatesse der Kanarischen Inseln, die herzhafte und süße Geschmacksnoten vereint. Diese goldenen, fluffigen und leicht knusprigen Köstlichkeiten sind ein Highlight jeder Feierlichkeit und ein unwiderstehlicher Genuss für jeden Anlass.

ZUTATEN

Für 12–16 Stück

250g Süßkartoffeln
25g frische Hefe
125ml lauwarme Milch
40g Zucker
3 Eier
250g Mehl
1TL geriebene Zitronenschale
1l Frittieröl
Puderzucker zum Bestäuben

1. Die Süßkartoffeln schälen und in einem Topf mit Wasser mindestens 30 Minuten lang kochen, bis sie weich sind. Vom Herd nehmen, abseihen und abkühlen lassen, dann pürieren.
2. Hefe zerbröseln und zusammen mit dem Zucker in der lauwarmen Milch auflösen, dann unter das Kartoffelpüree kneten.
3. Eier nach und nach unter das Püree kneten. Mehl und Zitronenschale unterkneten.
4. Den Teig mit einem trockenen Tuch abdecken und bei Raumtemperatur mindestens 1 Stunde lang gehen lassen. Er sollte sich mindestens verdoppeln.
5. Frittieröl in einer Pfanne mit hohem Rand erhitzen. Sobald das Öl heiß ist, aus dem Teig kleine Kugeln formen und auf mittlerer Hitze von allen Seiten goldbraun frittieren, herausnehmen und auf Küchenpapier abtropfen lassen.
6. Mit Puderzucker bestäuben und genießen.

BOLLOS DE LECHE
MILCHTEIGKUGELN

Die Bollos de Leche oder Milchteigkugeln sind ein unvergleichlicher Genuss aus der Küche der Kanarischen Inseln. Diese luftigen und weichen Brötchen mit einer köstlichen Kombination aus Zitrus-, Zimt- und Anisaromen sorgen für ein wohliges Gefühl.

Das Herzstück dieses Rezepts ist die Milch, die nicht nur den Teig zusammenhält, sondern auch eine cremige und reichhaltige Basis für die Brötchen bildet. Zusammen mit Mehl und frischer Hefe entsteht ein leichter und fluffiger Teig, der beim Backen wunderbar aufgeht und eine himmlische Textur erzeugt.

ZUTATEN

Für ca. 12 Stück

200ml Milch plus 2EL Milch
500g Mehl
20g frische Hefe
3 Eier
abgeriebene Schale von ½ Zitrone
120g Zucker
70g Butter
25g Butterschmalz
1 Prise Zimt
1 Prise gemahlene Anissamen

1. 200ml Milch erhitzen, bis sie lauwarm ist. Mehl in eine Schüssel geben und eine Mulde hineindrücken. Etwas lauwarme Milch und 1EL Zucker mit der Hefe verrühren, in die Mulde geben und vorsichtig einarbeiten. Den Teig kneten, 2 Eier und langsam die restliche Milch zugeben.
2. Teig zu einer Kugel formen und abgedeckt an einem warmen Ort ruhen lassen.
3. Zitrone heiß abwaschen und die Schale abreiben.
4. Restlichen Zucker, Butter, Butterschmalz, Zitronenschale, eine Prise Zimt und eine Prise Anis in den Teig kneten und zugedeckt eine weitere Stunde ruhen lassen.
5. Backblech mit Backpapier belegen und etwas bemehlen.
6. Teig nochmals durchkneten, 12 Kugeln daraus formen und auf dem Backblech verteilen. Mit einem Tuch bedeckt nochmals 1 Stunde aufgehen lassen.
7. Das restliche Ei mit 2EL kalter Milch verquirlen und die Kugeln damit bepinseln.
8. Backofen auf 180°C Ober-/Unterhitze vorheizen und die Kugeln 20 Minuten backen.

PAN CANARIO DE LOS ALTOS DE TEJEDA

Das Pan Canario de los Altos de Tejeda ist ein traditionelles kanarisches Brot, das sowohl für seine köstliche Geschmacksvielfalt als auch für seine bemerkenswerte Textur bekannt ist. Dieses luftige und dennoch reichhaltige Brot wird in den hohen Bergen von Tejeda gebacken und ist ein einzigartiges kulinarisches Erlebnis, das Einheimische und Besuchende gleichermaßen begeistert.

ZUTATEN

Für 1 Brot

12 Eier
500g Zucker
abgeriebene Schale von 1 Zitrone
15g Maisstärke
1TL gemahlener Anis
600g Mehl
60g Butter, Zimmertemperatur

1. Backofen auf 180°C Ober-/Unterhitze vorheizen.
2. Eier in einem Topf aufschlagen, mit Zucker und Zitronenschale bei schwacher Hitze mit einem Schneebesen cremig rühren, dann vom Herd nehmen.
3. Maisstärke, Anis und Mehl vermengen. Mehlmischung nach und nach unter ständigem Rühren in die Creme einarbeiten.
4. 50g Butter unterrühren.
5. Die Form mit der restlichen Butter ausstreichen und etwas bemehlen. Teig in die Form füllen und 40 Minuten backen.

FARINE

PESTIÑOS
ÖLGEBÄCK MIT ANIS

Der Protagonist dieses Rezepts sind die Anissamen, die eine intensive, fast lakritzartige Süße liefern, die tief in das Gebäck eindringt. Dieses charakteristische Aroma harmoniert perfekt mit der Süße des Gebäcks und verleiht ihm eine exotische und verführerische Note.

ZUTATEN

Für ca. 20 Stück

10g Anissamen
250ml Riesling oder anderer guter Weißwein
½TL Meersalz
abgeriebene Schale von 1 Zitrone
abgeriebene Schale von 1 Orange
120ml natives Olivenöl extra
420g Weizenmehl (Type 405)
2TL gemahlener Zimt
¼TL gemahlene Muskatnuss
1l Kokosöl zum Frittieren
60g Zimtzucker

1. Anissamen in einem Mörser zerstoßen.
2. Wein, Meersalz, die Zitronenschale und die Orangenschale mit dem Olivenöl und den Anissamen vermischen.
3. Mehl, Zimt und Muskatnuss dazugeben und zu einem glatten Teig kneten.
4. Den Teig auf einer leicht bemehlten Arbeitsfläche ca. 5mm dick ausrollen und aus dem Teig 5×5cm große Quadrate schneiden.
5. Von jedem Quadrat zwei gegenüberliegende Ecken nehmen und in der Mitte zusammendrücken, wenn nötig mit einer kleinen Menge Wasser zusammenkleben.
6. Das Kokosöl erhitzen, bis es eine Temperatur von 190°C erreicht.
7. Die geformten Pestiños vorsichtig in das heiße Öl geben und auf der Oberfläche schwimmen lassen. Sobald sie goldbraun sind, umdrehen.
8. Pestiños aus dem Öl nehmen und auf Küchenpapier abtropfen lassen, dann in Zimtzucker wälzen.

Vintage Watercolor
AS TIME GOES

PAN CANARIO

ZUTATEN

Für 1 Brot

600g Mehl
350ml lauwarmes Wasser
1EL Meersalz
30ml Olivenöl
1 Pck. Trockenhefe
½TL Anis, gemahlen

1. Die Trockenhefe in handwarmem Wasser auflösen und etwa 10 Minuten ruhen lassen, bis sie schaumig wird.
2. Mehl, Salz, Olivenöl und Anis in einer großen Schüssel vermengen. Die Hefe-Wasser-Mischung hinzufügen und alles gut miteinander vermengen, bis ein weicher und etwas klebriger Teig entsteht.
3. Den Teig mit einem Tuch abdecken und an einem warmen Ort etwa 30 Minuten lang aufgehen lassen.
4. Nach der Ruhezeit den Teig nochmals durchkneten und dann weitere 15 Minuten ruhen lassen.
5. Den Teig zu einem runden Laib formen und auf ein mit Mehl bestäubtes Backblech legen. Die Oberseite leicht einritzen, ein Küchentuch darüber legen und den Teig weitere 30 Minuten ruhen lassen.
6. Backofen auf 220 °C Ober-Unterhitze vorheizen.
7. Brotlaib im Ofen für ungefähr 35 bis 45 Minuten backen, bis er goldbraun ist und beim Klopfen auf die Unterseite hohl klingt.

CAZUELA DE BATATAS Y MANZANAS DULCES
APFEL-SÜSSKARTOFFELAUFLAUF

Ein exquisiter Genuss aus der kanarischen Küche, bei dem einfache Zutaten zu einem erstaunlich köstlichen Auflauf verschmelzen. Dieser süße Auflauf ist ein ausbalanciertes Meisterwerk, das den natürlichen Geschmack der Zutaten respektiert und gleichzeitig eine verführerische Mischung aus Aromen bietet.

ZUTATEN

Für 6 Personen

3 Äpfel
800g Süßkartoffeln
120g Zucker
2TL gemahlener Zimt
100g Butter
30g Semmelbrösel

1. Äpfel und Süßkartoffeln waschen, schälen und in einen Topf geben. Mit Wasser auffüllen und zum Kochen bringen. 20 Minuten köcheln lassen, abgießen. Äpfel und Süßkartoffeln in Scheiben schneiden.
2. Zucker mit 1TL Zimt vermischen. Backofen auf 200°C Ober-/Unterhitze vorheizen.
3. Eine feuerfeste Form mit 20g Butter ausfetten, die Apfel- und Süßkartoffelscheiben darin verteilen und immer wieder mit der Zucker-Zimt-Mischung bestreuen. Weiter schichten, bis alles verteilt ist.
4. Restliche Butter zerlassen und über die letzte Schicht gießen. Semmelbrösel darüber streuen und die Torta im Ofen 20 Minuten backen.
5. Noch warm mit Zimt bestauben und servieren.

TORTITAS DE PLÁTANO
BANANENKÜCHLEIN

Ob zum Frühstück, als Nachspeise oder als süßer Snack zwischendurch – die Tortitas de Plátano sind ein köstliches Beispiel für die einfache, aber dennoch unglaublich schmackhafte kanarische Küche. Sie sind ein Zeugnis dafür, dass manchmal die einfachsten Zutaten zu den köstlichsten Ergebnissen führen können.

ZUTATEN

Für ca. 16 Stück

4 Bananen
3 Eier
100ml Milch
1 Prise Salz
½TL gemahlener Zimt
abgeriebene Schale von ½ Zitrone
10g Backpulver
100g Mehl
250ml Rum
Spciscöl
Honig

1. Bananen schälen und im Mixer pürieren. In eine Schüssel geben und mit dem Handrührgerät die Eier, Milch, Salz, Zimt und Zitronenschale gut unterrühren.
2. Backpulver, Mehl und Rum unterrühren.
3. Teig eine halbe Stunde ruhen lassen.
4. Öl ca. 1cm hoch in eine Pfanne gießen und erhitzen. Jeweils 2 Esslöffel Teig für ein kleines Bananenküchlein in siedendem Öl von beiden Seiten ausbacken.
5. Mit Honig beträufeln und servieren.

PRÍNCIPE ALBERTO

Die Geschichte des Rezepts von Prinz Albert ist eng mit der beeindruckenden Persönlichkeit von Doña Matilde Arroyo Felipe verbunden. Geboren in Los Llanos de Aridane im Jahr 1926, wurde sie zur größten Konditorin von La Palma – und vermutlich von allen Kanarischen Inseln – in der Geschichte der Inseln.

Wie viele Frauen ihrer Zeit musste sich Doña Matilde alleine um ihre beiden Töchter kümmern, da ihr Ehemann nach Venezuela ausgewandert war und nie wieder von sich hören ließ, obwohl sie offiziell verheiratet waren. Im Jahr 1958 begann sie, in ihrer eigenen Küche süße Kuchen und Desserts zuzubereiten, basierend auf den überlieferten Rezepten ihrer Großmutter, Mutter und Tanten.

Anfangs waren die Leckereien nur für ihre Töchter und deren Freundinnen gedacht, aber bald waren ihre köstlichen Bienmesabes, Polvorones, Mandelkäse, Mandelpasten und Milchsplitter in der Region bekannt. Sie begann, sie an ihre Nachbarn und Freunde zu verkaufen. Der Erfolg war so überwältigend, dass sie einige Jahre später ihre eigene Dulcería-Cafetería eröffnete. Ihre exquisiten Desserts fanden nicht nur bei ihrer Privatkundschaft Anklang, sondern wurden bald auch von den renommiertesten Restaurants auf La Palma und den anderen Kanarischen Inseln geschätzt.

Nun kommen wir zur Geschichte eines ihrer berühmtesten Desserts – dem Príncipe Alberto. Der Name dieses Desserts wurde vom derzeitigen Staatsoberhaupt des kleinen Fürstentums Monaco inspiriert. Dieser Herr war einst ein begehrter Junggeselle und der Sohn der berühmten Hollywood Schauspielerin Grace Kelly. Es ist unklar, ob der monegassische Prinz die Insel besuchte oder ob er das Dessert in Magazinen sah, die er häufig las. Aber als die Töchter von Doña Matilde ihn nach dem Namen ihrer neuen Köstlichkeit fragten, antwortete er humorvoll: »Prinz Albert, weil es genauso gut ist wie er.« Doña Matilde war zweifellos ein Genie und eine außergewöhnliche Persönlichkeit. Der liebevolle Kommentar des Prinzen veranlasste sie, das Dessert dauerhaft nach ihm zu benennen – und es ist bis heute genauso vorzüglich.

ZUTATEN

Für 4 Personen

Für den Boden

3 Eier
80g Zucker
30g Kakaopulver
80g Mehl
200ml Kaffee

Für die Mousse

3 Eier
80g Zucker
100g Zartbitterschokolade
60g Butter
50g Haselnüsse
50g Mandeln

1. Für den Boden 3 Eier und Zucker in einer Schüssel 10 Minuten lang aufschlagen, am besten mit einem Schneebesen, damit die Masse fluffig wird. Dann Kakaopulver und Mehl hinzufügen, bis eine homogene Masse entsteht.
2. Den Backofen auf 180°C Ober-/Unterhitze vorheizen und die Masse in 4 kleine Förmchen (Ø à 8cm) geben.
3. 10 Minuten backen, herausnehmen und mit Kaffee tränken.
4. Backofentemperatur auf 200°C Ober-/Unterhitze erhöhen.
5. Haselnüsse und Mandeln auf einem Backblech verteilen, etwa 8 Minuten lang im Ofen backen, abkühlen lassen, dann grob hacken.
6. Für die Mousse Eier trennen und Eiweiß steif schlagen. Eigelb mit dem Zucker verrühren.
7. Die Schokolade und die Butter in einer Schüssel im Wasserbad schmelzen lassen, vom Herd nehmen und dann langsam unter Rühren die Eigelb-Zucker-Mischung dazugeben.
8. Den Eischnee unterheben und zwei Drittel der zerkleinerten Nüsse hinzufügen. So lange rühren, bis eine homogene Masse entstanden ist.
9. Die Mousse auf den Kuchenböden geben und den Rest der Nüsse darüber verteilen.
10. Das Törtchen mindestens 6 Stunden in den Kühlschrank stellen und kalt servieren.

ANISKEKSE

ZUTATEN

Für 1 Backblech

20g Anissamen
200g Mehl
125g Butter, Zimmertemperatur
125g Zucker
½ Päckchen Vanillezucker
1 Eigelb
1 Prise Salz

1. Anissamen in einem Mörser zerstoßen und zusammen mit den restlichen Zutaten zu einem Teig verkneten. Teig in Klarsichtfolie zu einer Wurst einrollen und für 1 Stunde in den Kühlschrank geben.
2. Backofen auf 180°C Ober-/Unterhitze vorheizen.
3. Die Teigrolle in 0,5cm dicke Scheiben schneiden und auf einem mit Backpapier ausgelegten Backblech verteilen.
4. Im Ofen 7–10 Minuten backen, herausnehmen und vollständig abkühlen lassen.

QUESADILLAS CANARIAS

Quesadillas canarias sind kanarische Käsekuchen. Sie bestehen aus einem Teig aus Mehl, Zucker und Zitrone, der mit einer Füllung aus frischem Ziegenkäse oder Käse aus Kuhmilch zubereitet wird. Traditionell verwendet man Herreño-Käse, ein Produkt, das auf der Insel El Hierro aus pasteurisierter Milch von Ziege, Kuh und Schaf hergestellt wird.

In vielen Regionen erhält man die Quesadillas als kleine Kuchen, die in traditioneller Blumen- oder Sternform gebacken werden. Die Kuchen werden nach dem Backen mit Puderzucker bestäubt.

ZUTATEN

Für 1 Springform (Ø 24cm)

1kg Frischkäse (gerne auch Ziegenfrischkäse)
5 Eier
250g Mehl
500g Zucker
½TL Anissamen
abgeriebene Schale von 1 Zitrone
1TL Zimt
Puderzucker

1. Backofen auf 190°C Ober-/Unterhitze vorheizen.
2. Frischkäse mit den Eiern verrühren. Zucker unterrühren. Anissamen in einem Mörser zerstoßen und unterrühren. Zitronenabrieb unter die Käsemasse rühren.
3. Mehl unterrühren und Zimt unterheben.
4. Teig in die Springform füllen und im Ofen 20–25 Minuten goldbraun backen.
5. Vor dem Servieren mit Puderzucker bestäuben.

TRUCHAS DE BATATA

Truchas de Batata sind kanarische Teigtaschen mit einer Füllung aus Süßkartoffelpüree, Zucker, Zimt und Zitrone. Sie werden frittiert und mit Puderzucker bestäubt.

ZUTATEN

Für circa 12 Stück

Für den Teig

200ml trockener Weißwein

200ml Sonnenblumenöl

450g Weizenmehl (Type 405)

Für die Süßkartoffelfüllung

500g Süßkartoffeln

1 Zimtstange

100g Zucker

abgeriebene Schale von 1 Zitrone

20g gehackte geröstete Mandeln

Außerdem

Sonnenblumenöl zum Frittieren

Puderzucker

1. Für den Teig Wein, Öl und Mehl in eine Schüssel geben, mischen und kneten, bis ein homogener Teig entsteht.
2. Teig zu einer Kugel formen, mit einem Tuch abdecken und 30 Minuten ruhen lassen.
3. Für die Füllung die Süßkartoffeln schälen, in mittelgroße Stücke schneiden, in einen Topf geben, mit Wasser bedecken, Zimtstange hinzugeben und etwa 20 Minuten kochen. Das Wasser abgießen, Zimt herausnehmen und die Süßkartoffeln mit einer Gabel zerdrücken.
4. 100g Zucker in ein Glas geben, mit Wasser auffüllen und rühren, bis sich der Zucker vollständig aufgelöst hat.
5. Das Zuckerwasser über die zerdrückten Süßkartoffeln gießen, den Zitronenabrieb dazugeben und gut vermengen. Die gehackten Mandeln hinzufügen, nochmals gut vermengen und Masse abkühlen lassen.
6. Die Arbeitsfläche mit etwas Mehl bestreuen und den Teig portionsweise mit einem Nudelholz so dünn wie möglich ausrollen. Mit einem Teigausstecher Kreise mit einem Durchmesser von ca. 10 oder 11cm ausstechen.
7. Mit einem Esslöffel etwas von der Füllung in die Mitte jedes Kreises geben. Einen Finger in Wasser tauchen und damit um den Rand des Teigs fahren. Den Teig in der Mitte falten und die Ränder mit dem Finger zusammendrücken, sodass die beiden Seiten zusammenkleben. Mit einer Gabel rundherum den Rand andrücken.
8. Reichlich Sonnenblumenöl in eine tiefe Pfanne geben. Wenn das Öl sehr heiß ist, jeweils 2 Teiglinge auf einmal frittieren. Sobald sie auf beiden Seiten goldbraun sind, mit einer Schaumkelle herausnehmen und auf Küchenpapier legen, um das überschüssige Öl abtropfen zu lassen.
9. Sobald sie abgekühlt sind, mit Puderzucker bestreuen.

BOLITAS DE PLÁTANO Y GOFIO
BANANENKÜGELCHEN

Diese kleinen süßen Kügelchen sind ein idealer Leckerbissen für zwischendurch oder eine köstliche Ergänzung für Ihren Dessertteller.

ZUTATEN

Für 24 Stück

150g Datteln
2 reife Banane
120g Gofio
100g gemahlene Mandeln
100g Kokosraspel

1. Datteln in einer Küchenmaschine zerkleinern. Bananen hinzugeben und zerkleinern.
2. Mit Gofio und den gemahlenen Mandeln vermengen.
3. Mit den Händen kleine Kügelchen formen und in Kokosraspel wälzen.

MAGDALENAS DE GOFIO
GOFIO-MUFFINS

Die Grundzutaten für diese Muffins sind alltäglich, aber sie werden durch den Zusatz von Gofio zu etwas ganz Besonderem. Mehl und Gofio werden mit Backpulver gemischt, um die Muffins aufgehen zu lassen und ihnen ihre charakteristische, leicht krümelige Textur zu verleihen. Zucker und Salz verstärken die natürlichen Aromen der anderen Zutaten, während Vanilleextrakt eine feine, aromatische Note hinzufügt.

ZUTATEN

Für 12 Stück

300g Mehl
225g Gofio
4TL Backpulver
1 Prise Salz
3 Eier
120ml Maisöl
180ml Naturjoghurt
180ml Milch
300g Zucker
125g brauner Zucker
1TL Vanilleextrakt

1. Den Backofen auf 170°C Ober-/Unterhitze vorheizen
2. Mehl, Gofio, Backpulver und Salz in einer großen Schüssel vermengen.
3. In einer weiteren Schüssel Eier, Öl, Joghurt, Milch, Zucker und Vanilleextrakt verrühren.
4. Die nasse Mischung zu den trockenen Zutaten geben und mit einem Holzlöffel vorsichtig verrühren.
5. Muffinform einfetten und den Teig in die Mulden füllen. Im Ofen 20 Minuten backen.

GETRÄNKE

MOJITO CANARIO

Der kanarische Mojito unterscheidet sich leicht von der klassischen Version. Er wird mit Ron Miel, Limettensaft, Minze, Zucker und Soda zubereitet. Der Honigrum verleiht dem Cocktail einen zusätzlichen süßen Geschmack.

ZUTATEN

Für ca. 250ml

8 Blättchen frische Minze
1EL brauner Rohrzucker
1Limette
50ml Ron Miel (gekauft oder selbst gemacht (Rezept siehe Seite 136))
sprudelndes Mineralwasser (oder Soda)
Eiswürfel

1. Frische Minzblätter und Rohrzucker in ein hohes Glas geben.
2. Limette halbieren und den Saft einer Hälfte in das Glas pressen. Die andere Limettenhälfte in dünne Scheiben schneiden und beiseitelegen, um sie später als Garnitur zu verwenden.
3. Mit einem Stößel oder einem Löffel die Minzblätter leicht andrücken, um das ätherische Öl freizusetzen und den Geschmack zu verstärken.
4. Einige Eiswürfel hinzugeben, um das Glas etwa zur Hälfte zu füllen. Ron Miel über das Eis gießen und das Glas mit sprudelndem Mineralwasser (oder Soda) auffüllen, bis es fast voll ist.
5. Den Mojito Canario vorsichtig umrühren, um die Aromen zu vermischen. Mit Limettenscheiben und einem Minzzweig garnieren.

RON MIEL CON LIMÓN

Dieser Cocktail besteht aus Ron Miel (Honigrum) und Limettensaft. Der süße Geschmack des Honigrums harmoniert gut mit der frischen Säure der Limette. Er wird oft auf Eis serviert und mit einer Zitronen- oder Limettenscheibe garniert.

ZUTATEN

Für 400 ml

150 ml Honig
50 ml Wasser
Schale von 1 Bio-Zitrone
200 ml dunkler Rum

1. In einem kleinen Topf den Honig und das Wasser bei mittlerer Hitze unter Rühren erwärmen, bis sich der Honig vollständig aufgelöst hat. Die Mischung sollte nicht kochen, sondern nur leicht erwärmt sein.
2. Zitronenabrieb zur Honig-Wasser-Mischung hinzufügen. Gut umrühren und für weitere 5 Minuten köcheln lassen, damit sich das Zitronenaroma mit dem Honig verbinden kann.
3. Den Topf vom Herd nehmen und Mischung abkühlen lassen.
4. Sobald die Mischung abgekühlt ist, den dunklen Rum hinzufügen und alles gut umrühren, bis sich alle Zutaten gut vermengt haben.
5. Den Ron Miel con Limón in eine saubere Flasche oder ein Glas füllen und gut verschließen. Für mindestens 24 Stunden im Kühlschrank lagern, um die Aromen gut miteinander verschmelzen zu lassen.
6. Zum Servieren den Ron Miel con Limón in mit Eis gefüllte Gläser geben und mit einer Zitronenscheibe garnieren. Alternativ den Ron Miel mit Limonade auffüllen.

BARRAQUITO O CAFÉ CANARIO

Barraquito oder kanarischer Kaffee – wie der Name schon sagt, handelt es sich um ein Kaffeegetränk kanarischer Herkunft, insbesondere aus Santa Cruz de Tenerife. Auf den westlichsten Inseln des Archipels gibt es mehrere Versionen dieses Kaffees, die sich in Geschmack und Aroma unterscheiden, aber die wichtigsten Zutaten gemeinsam haben: Kondensmilch, Likör, Kaffee und Milch.

ZUTATEN

Für ca. 350 ml

25 ml gezuckerte Kondensmilch
25 ml Licor 43
50 ml Milch
1 Tasse Kaffee
Zimtpulver

1. Kondensmilch auf den Boden eines hohen Glases gießen. Darauf langsam den Likör gießen.
2. Milch aufschäumen und löffelweise auf den Likör geben. Auf diese Milchschaumschicht ganz langsam den Kaffee gießen.
3. Mit etwas Zimtpulver bestreuen.

TIPP:
Ein kleines Stück Zitrone mit ins Glas geben.

COCOLOCO

Cocoloco ist ein beliebter Strandcocktail auf den Kanarischen Inseln. Er besteht aus einer Mischung aus Rum, Ananassaft, Kokosmilch und Maracujasirup. Der Drink wird normalerweise in einer Kokosnuss serviert und mit einem Strohhalm und einem Cocktailschirmchen garniert.

ZUTATEN

Für ca. 300ml

50ml weißer Rum
150ml Kokosmilch
30ml Ananassaft
30ml Orangensaft
30ml Maracujasirup
15ml Limettensaft
Eiswürfel
Ananas- und Orangenscheiben sowie eine Limettenscheibe zum Garnieren

1. Einen Cocktailshaker mit Eiswürfeln füllen. Den weißen Rum, die Kokosmilch, den Ananassaft, den Orangensaft, den Maracujasirup und den Limettensaft zum Eis geben.
2. Den Shaker verschließen und kräftig schütteln, um alle Zutaten gut zu vermischen.
3. Ein großes Glas mit Eiswürfeln füllen und den Cocoloco darüber gießen. Mit Ananas-, Orangen und Limettenscheiben garnieren.

PAPAYA-LIKÖR

Ein köstliches Getränk, das die natürliche Süße und das fruchtige Aroma der Papaya mit dem kräftigen Geschmack von kanarischem Rum vereint. Es ist einfach herzustellen und eignet sich hervorragend als Aperitif oder Digestif.

ZUTATEN

Für ca. 400ml

200g reife Papaya
100ml Wasser
100g Zucker
250ml weißer Rum (z.B. von der Kanaren-Marke Arehucas)

1. Papaya schälen und in Stücke schneiden.
2. In einem kleinen Topf das Wasser und den Zucker bei mittlerer Hitze erwärmen, bis sich der Zucker vollständig aufgelöst hat, um einen einfachen Zuckersirup herzustellen.
3. Die Papayastücke in einen Mixer geben und pürieren, bis eine glatte Konsistenz erreicht ist.
4. Die pürierte Papaya mit dem Zuckersirup und dem weißen Rum in ein verschließbares Glas oder eine Flasche geben. Die Mischung gut verschließen und gründlich schütteln, um alle Zutaten gut zu vermischen.
5. Den Papaya-Likör an einem kühlen und dunklen Ort für mindestens 3 Tage lagern, damit sich die Aromen gut entfalten können.
6. Vor dem Servieren den Likör erneut gut schütteln. Likör in kleine Gläser füllen und als Aperitif oder Digestif servieren.

INFO:
KANARISCHE WEINE

Die Kanarischen Inseln sind vielleicht berühmt für ihre spektakulären Landschaften, ihr ganzjährig mildes Klima und ihre reiche Geschichte, doch auch die dortige Weinproduktion ist ein Grund, warum diese Destination für viele interessant ist. Die einzigartige Kombination aus vulkanischen Böden, dem Einfluss des atlantischen Klimas und jahrhundertealten Weinbautraditionen hat dazu geführt, dass die Weine der Kanarischen Inseln eine ganz besondere Qualität aufweisen.

Bereits seit der Antike wird auf den Kanarischen Inseln Wein angebaut – eine Tradition, die während der Kolonialzeit besonders florierte, als die dortigen Weine, insbesondere der Malvasia, in ganz Europa und sogar in den amerikanischen Kolonien begehrt waren. Heute zeichnet sich die Weinproduktion der Inseln durch eine Vielzahl von Rebsorten und Stilen aus, von trockenen Weißweinen über volle Rotweine bis hin zu süßen Dessertweinen.

Eine der bemerkenswertesten Besonderheiten der Weine der Kanarischen Inseln ist die Vielfalt der heimischen Rebsorten, die anderswo in der Welt kaum oder gar nicht vorkommen. Viele dieser Sorten, wie die weiße Listán Blanco oder die rote Negramoll, haben sich im Laufe der Jahrhunderte an die speziellen Bedingungen der Inseln angepasst und bieten so einzigartige Geschmacksprofile.

Listán Blanco ist die am weitesten verbreitete weiße Sorte. Sie produziert frische, mineralische Weine mit Noten von grünen Äpfeln und tropischen Früchten, die hervorragend zur vielfältigen kanarischen Küche passen. Negramoll hingegen ist für ihre seidige Textur und ihren eleganten Charakter bekannt und liefert Weine mit Nuancen von roten Früchten, Gewürzen und einer leicht mineralischen Note, die vom vulkanischen Boden stammt.

Die kanarischen Weine sind tief in der Geschichte und Kultur der Inseln verwurzelt, und das spiegelt sich auch in den Weinbaugebieten wider.

Doch abgesehen von der Weinqualität ist es auch die einzigartige Lage der Weinberge, die den Weinbau zu einem besonderen Erlebnis macht. Die Weinberge, angelegt in den steilen Hängen der Inseln, sind von atemberaubender Schönheit und Vielfalt. Die Arbeit in diesen Weinbergen erfordert Geduld und Hingabe, da viele von ihnen nur von Hand bewirtschaftet werden können.

TROPICAL MARTINI

Tropical Martini ist ein exotischer und fruchtiger Cocktail, der die Aromen der Kanarischen Inseln mit einer eleganten Note verbindet.

ZUTATEN

Für ca. 100ml

50ml weißer Rum
30ml Passionsfruchtsaft
30ml Ananassaft
15ml Limettensaft
15ml Zuckersirup (optional, je nach gewünschter Süße)
Eiswürfel
frische Ananasstücke oder Ananasscheiben zum Garnieren

1. Einen Cocktailshaker mit Eiswürfeln füllen. Den weißen Rum, den Passionsfruchtsaft, den Ananassaft, den Limettensaft und optional den Zuckersirup zum Eis geben.
2. Den Shaker verschließen und kräftig schütteln, um alle Zutaten gut zu vermischen.
3. Ein großes Glas mit Eiswürfeln füllen und den Tropical Martini darüber gießen. Mit frischen Ananasstücken oder einer Ananasscheibe garnieren.

Bibliografische Information der Deutschen Nationalbibliothek
Die Deutsche Nationalbibliothek verzeichnet diese Publikation in der Deutschen Nationalbibliografie. Detaillierte bibliografische Daten sind im Internet über https://dnb.de abrufbar.

Für Fragen und Anregungen
info@m-vg.de

Originalausgabe
1. Auflage 2024

Türkenstraße 89
80799 München
Tel.: 089 651285-0
Fax: 089 652096

Redaktion: Stephanie Kaiser-Dauer
Umschlaggestaltung: Isabella Dorsch
Umschlagabbildungen und Abbildungen im Buch: Patrick Rosenthal
Satz: inpunkt[w]o, Wilnsdorf (www.inpunktwo.de)
Druck: Firmengruppe APPL, aprinta Druck, Wemding
Printed in Germany

ISBN Print 978-3-7423-2610-2
ISBN E-Book (PDF) 978-3-7453-2394-8
ISBN E-Book (EPUB, Mobi) 978-3-7453-2395-5